KB029092

불황에
대처하는 자세

불 성 에 대처하는 자세

DANCING WITH DISRUPTION

린다 로세티 지음
윤효원 옮김

혼란의 늪에서 벗어나기

싱긋

DANCING WITH DISRUPTION

ⓒ2023 by Linda Rossetti
All rights reserved.
Korean translation rights arranged with Rowman & Littlefield Publishing Group, Inc., through Danny Hong Agency, Seoul
Korean translation copyright ⓒ 2024 by GYOYUDANG Publishers

이 책의 한국어판 저작권은 대니홍 에이전시를 통한 저작권사와의 독점 계약으로 ㈜교유당에 있습니다.
저작권법에 의해 한국 내에서 보호를 받는 저작물이므로 무단 전재와 복제를 금합니다.

나의 두 별,

재키와 윌리엄을 위해

차례

3부

여정의 시작

머리말

"오늘 여기 오기까지 많은 용기가 필요했어요." 작은 회의실에서 나와 마주앉은 마흔한 살의 간호사 저넬이 말했다.

오늘 아침 그녀를 포함한 다섯 명이 나와 함께 커피를 마시며 인생의 중대한 변화에 대해 이야기를 나누었다. 탁자 중앙에는 디지털 녹음기가 놓여 있었으며 그 옆에는 손대지 않은 아침식사 빵이 접시에 담겨 있었다.

"태어나서 처음으로 '내가 무엇을 하고 싶은가?', '어떤 사람이 되고 싶은가?'라는 질문을 저 자신에게 하고 있어요."

저넬은 숨을 내쉬며 탁자 주위에 둘러앉은 사람들을 둘러보다가 속삭임에 가까운 나지막한 목소리로 말했다. "나를 위한 무언가가 더 있을 거라는 생각이 들어요."

이야기를 듣고 있던 사람들이 격려의 미소를 지으며 고개를 끄덕였다.

"쉽지 않은 일이에요. 저는 살면서 제 능력을 증명해 보이기 위해 애쓰고, 불안감에 휩싸이지 않으려고 노력해왔어요. 하지만 점점 더 능력을 증명하기 어렵다고 느끼고 있어요."

그녀는 나를 똑바로 쳐다보며 말했다. "다른 사람들은 제 마음을 이해하지 못하는데, 여러분과 이런 대화를 나눌 수 있어서 정말 감사해요. 이토록 외로워본 적이 없어요."

다른 사람들도 차례대로 자신들이 겪은 혼란에 대해 이야기를 나누었다.

이야기를 듣는 동안 나는 그들이 이야기를 전하는 방식, 그들을 지배하고 있는 불안, 불신과 같은 감정, 이러한 경험이 자아에 미치는 영향을 공통적으로 발견했다. 나이와 직업, 배경은 모두 달랐지만 이러한 패턴을 공유하고 있다는 느낌이었다. 더욱 놀라운 점은 능력 있는 이 사람들이 마치 자신들만 이러한 혼란의 경험을 겪고 있는 것처럼 이야기했다는 사실이다.

나는 앉아서 마음속으로 계속 생각했다. '왜 아무도 이 이야기를 하려고 하지 않는 걸까?'

나는 그날 아침의 대화를 내 인생의 전환점으로 삼았다. 그때부터 나는 성인의 삶에서 일어나는 큰 변화의 순간을 이해하고, 더 중요하게는 저넬과 같은 개인들이 그 변화에 대응하는 방식을 알아보기 시작했다.

이와 같이 나는 혼란을 이해하려는 열망에 이끌려 전국의 회의실과 커피숍을 다니며 수백 명의 사람을 만났다. 내가 만난 사람들은 고통과 승리의 이야기를 통해 그들의 인생에서 가장 중요한 순간으로 나를 데려갔다.

처음 만난 그들이 보여준 관대함 덕분에 나는 저넬과 같은 사람들에게 일어나고 있는 일에 대해 놀라울 정도로 많이 배울 수 있었고, 지금 내가 알고 있는 내용을 우리 모두에게 적용할 수 있는 변화의 기회로 만들 수 있었다.

그들의 공로는 여기서 그치지 않는다. 그들의 이야기에 귀를 기울이는 일은 나 역시 불확실성 때문에 흔들리고 있을 때 마치 디딜 수 있는 발판처럼 여겨졌다. 그들이 준 선물 덕분에 그들의 이야기와 나의 이야기를 통해 여기서 그 이름 없는 문제를 다른 이들과도 나눌 수 있게 되었다.

큰 변화와 약속 :
왜 나는 이 이야기를 하는가?

이야기를 시작하기에 앞서 그날 내가 저넬을 포함한 그 모임의 사람들과 만나게 된 이유를 말하고 싶다. 여러모로 나는 그들과 같은 상황에 처해 있었다. 당시 내가 운영하던 블로그 'Novofemina.com'을 한 단계 발전시키고자 그들을 초대했다. 맨 처음 블로그를 시작한 계기는 내 삶의 불안정한 시기를 이해하는 데 도움이 될까 해서였다.

나의 불안정한 시기는 마흔 후반 즈음 이전에 경험해보지 못했던 방식으로 혼란스럽고 외로움을 느끼던 때 찾아왔다. 포춘 글로벌 500 기업의 최고경영진으로 일하고 있고, 건강한 두 자녀가 있으며, 우리 가족이 지내기에 안전하고 안락한 마을에 살고 있는데도 내 마음은 불안정했다. 내가 불안한 이유로 꼽을 만한 곤란한 일도 없었다. 그런데도 그날 아침에 모였던 사람들에게 들었던 것과 같은 생각을 나도 하고 있었다. '나에게 무슨 문제가 있는 것일까?'

그날 아침 비즈니스 세계에서 수십 년을 보낸 저넬을 만난 것은 행운이었다. 그곳에서 이름 없는 그 문제를 해결하는 전문성을 길렀다. 경험상 그러한 미스터리를 해결하는 데는 다른 사람들이 중요한 역할을 한다. 나는 그날 그곳에 모인 사람들이 내가 찾고 있는 해답으로 나를 이끌어줄 것이라는 사실을 그곳에 앉아 알게 되었다.

결국 270명의 타인과의 대화를 포함하는 연구를 진행할 수 있도록 영감을 준 것은 나의 경력이었다. 그들은 자신의 삶에서 경험한 다양한 변화에 관해 나와 대화를 나누었다. 그중에는 가족 간 불화, 실직, 이직, 감정적 혼란, 노동시장 진입, 건강 문제, 커밍아웃, 사랑하는 사람의 죽음, 결혼, 재혼, 이혼, 오래 기다린 승진, 출산, 완경, 도시나 국가 간 지리적 이동 등의 이야기가 있었다. 그들의 이야기는 두려움, 수치심, 가능성과 같은 감정으로 얽혀 있으면서도 자아에 관한 인식과 질문 또한 늘어가고 있음을 보여주었다.

이 이야기들이 깨달음을 주기는 했지만 나는 그 이야기들을 좀더 잘 이해할 수 있는 방법을 찾고 싶었다. 그들의 이야기를 보다 객관적으로 이해하기 위해 학문적 연구에 깊이 뛰어들었다. 이 단계에서 나는 신경학, 심리학, 정신의학, 인간 발달, 생물학, 동양 종교, 리더십 분야의 뛰어난 사상가들을 만나게 되었다. 이 책은 이처럼 훌륭한 사상가들의 업적을 바탕으로 만들어졌다.

연구 초기 단계는 돛에 부는 바람과 같은 역할을 했다. 나는 첫 책 『여성과 변화: 일과 삶을 개혁하다*Women and Transition: Reinventing Work and Life*』를 썼고 초기 연구를 바탕으로 강연을 하고 세미나를 진행하기 시작했다. 이 활동을 통해 팟캐스트 〈미지의 목적지: 현장 가이드Destination Unknown: A Field Guide〉를 제작하고 자아 인식의 변화가 우리 삶에서 표현되는 방식에 관해 대화를 시작했다. 그후에는 지역 대학 교수들과 협업하여 더 많은 연구를 시작했다. 이 모든 과정을 통해 나는 삶에서, 특히 코로나19 팬데믹 기간 동안 큰 변화와 약속을 함께 경험한 많은 사람을 만날 수 있었다.

이 책은 자기감sense of self에 관한 생각에 변화가 생길 때 대응하는 방식을 바꾸도록 유도한다. 그러한 시기에 일어나는 일의 이해 방식을 바꾸고 당신이 완전한 자아를 찾을 수 있도록 단계별 방법을 통해 안내할 것이다. 이러한 이해와 방법은 당신의 자신감을 높여 불확실성과 마주할 때 이전과 다른 선택을 하게 할 것이다. 여기서 다른 선택이란 두려움이나 제약으로 인한 선택이 아니라 낙관주의와 흥분에 들뜨거나 이전에는 상상조차 할 수 없다고 느꼈던 것을 추구하는 용기에 힘입은 선택을 의미한다.

만약 당신이 가능성을 꽉 부여잡고 우리와 함께 이 여정을 시작한다면 이 책은 당신의 삶의 궤도를 긍정적으로 바꾸는 데 도움이 될 것이다.

이 책은 왜 지금 중요한가?

이 책은 여러 요인으로 인한 최악의 현재 상황 탓에 10년 전 저넬과 이야기를 나누었을 때보다 더욱 시급하게 필요하다고 생각한다.

직장 내 구조적 변화와 재직 기간이 급격히 감소함에 따라 더 많은 사람이 직업과 관련한 자기감을 재창조해야 한다는 필요성을 느끼게 되었다. 이러한 역학은 기술이 제조 현장에서 로봇을 사용하는 것부터 재택근무자의 모든 활동을 감시하는 소프트웨어, 버튼 클릭 하나만으로도 사업 회계 장부를 마감할 수 있는 능력까지 오랫동안 약속되어온 효율성을 실현하기 시작했다는 데 일부 원인이 있다. 이와 같은 발전은 직업의 수와 종류를 줄이고 개인에게 직업과 관련한 자기감을 재해석해야 한다는 부담을 주고 있다.

수명이 늘어나고 젠더 연속선을 받아들이는 등 긍정적인 사회적 개선사항 목록이 증가하면서 성인은 자기감을 반복적으로 재해석할 것을 요구받는다.

마지막으로 코로나19 팬데믹이 남긴 강력한 흔적은 우리의 자기감의 기반이 되는 근본적인 가정假定을 다시 정의하려는 많은 사람의 의지를 북돋웠다는 것이다. 우리는 직장을 그만두고, 진로를 변경하고, 새로운 장소로 이동하는 이 모든 것이 **왜** 중요한지 의문을 제기하고 있다.

내 연구는 이러한 트렌드를 강조하고 자아의식의 변화가 정상화되는 자기감 갱신의 새로운 시대를 보여준다.

솔직히 말해보자. 정체성에 관한 생각의 변화를 탐구한다는 개념은 반문화적이다. 사회라는 공동체 안에서 사람들은 이미 정해져 있는 정체성을 좋아한다. 우리의 정체성은 의사거나 소방관이거나 프로 운동선수거나 훌륭한 이웃이다. 그러나 정체성 변화를 꿈꾸는 사람들을 가혹하게 대한다. 왕따를 시키고, 조롱하고, 마치 그들의 기질이나 성격에 문제가 있다는 듯 대한다.

엄마에게 혼란스러운 내 감정을 설명했던 때가 기억난다. 엄마는 이렇게 말했다. "아, 그냥 중년의 위기라서 그래."

이 주제를 10년간 연구한 결과 나는 엄마를 포함한 다른 사람들에게 자신 있게 말할 수 있다. "아니요, 이 감정은 나이와 아무런 관련이 없고, 위기도 아니에요." 자기개념에 관한 생각의 변화는 성인의 삶에서 정상적인 부분이며 우리 삶에 지속적으로 긍정적 영향을 미칠 수 있는 혁신적 성장으로의 초대를 의미한다.

이 책이 어떻게 도움이 될 수 있을까?

이 책은 인생에 큰 변화가 있던 시기에 흔히 나타나는 네 가지 유형의 상황을 분석하며 그중에는 당신이 처한 특정한 상황도 해당될 수 있다. 첫번째 상황은 실직이나 이혼 등 계획되지 않은 사건의 경험을 포함한다. 이러한 경험을 한 많은 사람은 정상으로 '되돌아가려'는 욕구와 새로운 사고를 받아들이려는 의지 사이를 왔다갔다한다.

어떤 사람들은 원하는 변화가 일어나지 않아 갇혔다는 느낌을 받거나 좌절감을 느낀다. 이 범주에 속하는 사람들은 과거에 큰 변화를 성공적으로 헤쳐왔지만 지금은 '이번에는 왜 다르지?'라고 궁금해한다.

또다른 상황은 중요한 변화를 예상하고 이를 가장 잘 준비하는 방법을 알고 싶어하는 사람들에게 발생한다. 이 범주에 속하는 사람들은 보통 졸업, 은퇴, 의미 있는 생일처럼 인생의 이정표와 같은 시기를 준비하고 있다.

마지막으로 무언가 잘못되었다는 느낌이나 자기잠재력을 더 높이려는 욕구와 같은 어떤 종류의 깨달음을 해결하기 위해 적극적으로 나서고자 하는 사람들이 있다.

이 책은 인생의 주요 변화와 관련된 불확실성을 다른 방식으로 대처하고 꿈을 향해 자신 있게 나아가는 데 도움을 주기 위해 제작되었다.

무엇을 발견할 것인가?

이 책은 나와 연구에 참여한 사람들의 실제 이야기로 구성되어 있다. 이 이야기들은 수백 시간에 달하는 녹취 대화에서 발췌한 내용이다. 모든 참여자의 사생활을 보호하겠다는 약속을 지키기 위해 익명으로 처리했다. 그들의 실명을 언급할 수는 없지만 자신의 이야기를 나누어준 점에 대해 평생 감사할 것이다. 우리는 함께 성인 삶의 변화하는 여정을 소중한 기록으로 남기게 되었다.

이 책은 3부로 구성되어 있다. 1부에서는 새로운 용어를 소개하고 삶의 주요 변화 시기에 일어나는 일에 대한 이해를 높인다. 또한 일반적인 통념을 반박하고, 개인의 혼란을 인간관계나 직장을 떠나는 등 이탈의 필요성과 동일시하는 오랜 가정을 다룬다. 1부는 이러한 변화의 시기를 다르게 바라볼 수 있도록 도와주며, 두려움이나 제약에 따른 선택이 아니라 마음속으로만 간직했던 꿈을 추구하는 자신감에 기반을 둔 선택을 할 수 있도록 힘을 실어준다.

2부에서는 삶에 변화를 주고자 할 때 직면하는 저항, 특히 분노, 죄책감, 후회와 같은 감정적 저항에 대해 다룬다. 이 부분에서는 변화의 여정을 지원하기 위해 계획된 단계별 방법인 '인큐베이터'도 소개한다. 이 부분에서 중요한 역할을 하는 두 가지 개념이 있는데, 하나는 당신의 **선택**이고, 또다른 하나는 당신의 **목소리**를 이끌어내려는 의식과 의지다. 여기서 목소리란 당신의 본질, 즉 당신만의 진실을 의미한다.

마지막으로 3부에서는 인큐베이터의 개별 방법을 소개하고 당신만의 단계별 변화 과정을 안내한다. 당신은 어떤 반대에 부딪히더라도 꿈의 크기에 관계없이 나아가는 방법을 배우게 될 것이다. 이 체계적인 접근 방식에는 당신이 '중간 단계'의 입장일 때 자기감을 재해석하고 다른 사람과의 대화에서 사용하는 이야기를 재정의하는 데 도움이 되는 방법을 비롯한 네 가지 방법이 있다. 인큐베이터는 유동적이어서 방법를 순차적으로 사용하거나 자기에게 맞는 순서대로 사용할 수 있다. 이 계획에 따라 온전한 자신의 모습으로 살아가는 데 실질적인 진전을 이룰 수 있다.

이 책은 여러모로 워크북 목적으로 만들어졌다. 책을 읽는 동안 두 가지 유형의 일기쓰기 주제를 완성하도록 되어 있다. 바로 '리플렉션reflection'과 '체크 스텝check step'이다. 각 장마다 다룬 주제를 자신의 경험으로 해석하는 데 도움을 주는 '리플렉션' 부분이 포함되어 있다. 인큐베이터 장(6~9장)에는 추가로 '체크 스텝'이라는 쓰기 예시 질문을 완성하도록 되어 있다. '체크 스텝'을 통해 자신만의 변화 계획을 세우고 진행할 수 있게 개선할 수 있다. 이혼과 직장에서의 어려움을 겪은 후 인큐베이터를 사용한 엄마이자 1인 사업가인 마흔세 살의 트리나는 이렇게 말했다. "이 과정은 내 삶에 엄청난 영향을 미쳤습니다. 이 작업은 두려움을 극복하고 새롭고 흥미로운 세계로 뛰어들 수 있는 용기를 주었습니다."

이 책은 삶에서 변화의 시기에 다르게 대응하는 데 필요한 이해와 기술을 깊이 있게 만들어줄 것이다. 이는 그러한 순간에 독특하고 대체할 수 없는 무언가, 즉 온전한 **당신**의 표현을 선택하라는 초대다.

책을 읽기 전에 기억할 사항

이 책과 그 이면의 연구는 사랑의 작업이라고 할 수 있다. 이 책이 당신의 삶에서 두렵고 불안한 시기를 약속과 큰 기쁨으로 바꾸는 데 도움이 되기를 바란다. 여러 면에서 내가 저넬을 그날 아침 회의실에서 만났을 때와 비슷한 상황에 처해 있었을 때 발견했더라면 좋았겠다고 생각한 바로 그 책이라고 할 수 있다. 앞으로 살펴볼 내용에서 배울 과정은 삶에서 큰 변화를 겪는 순간에 새로운 사고를 할 수 있고, 새로 찾은 자신감에 의지하여 다른 방식으로 대응하여 삶에 긍정적 영향을 미칠 수 있는 선택을 할 수 있도록 도와주는 역할을 할 것이다.

결론적으로 이 책이 자신의 목소리를 알게 되고, 신뢰하고, 그 소리의 볼륨을 높일 수 있도록 도움이 되기를 바란다. 나는 자기감의 변화가 자신의 목소리에 온전히 귀 기울일 수 있는 기회를 암시한다는 사실을 알게 되었다. 앞으로 알게 되겠지만 나는 내 목소리와의 관계를 잘못 알고 살아왔다. 수십 년 동안 나는 내 목소리를 듣고 있었다고 진심으로 믿었다. 그러나 앞으로 당신이 이 책에서 배우게 될 기술을 통해 내 목소리의 힘과 내 목소리와의 관계 사이에 격차가 있다는 사실이 밝혀졌다. 이 깨달음과 그 차이를 해결하려는 시도를 통해 내가 처음으로 저넬을 비롯한 다른 사람들과 대화를 나누었을 때는 전혀 예상하지 못했던 방식으로 내 삶이 변화되어갔다.

여러 이유로 나는 그날 이 책을 쓰기 시작했다. 나는 처음으로 나서서 자신의 경험을 나누어준 사람들과 그 밖에도 많은 사람에게 평생 감사함을 표하고 싶다. 또한 그들은 우리의 집단적인 목소리의 영향에 대해 나에게 새로운 통찰력을 주었다. 나는 늘 우리의 목소리가 중요했고, 여전히 중요하다는 것을 알고 있었다. 그러나 연구 과정에서 만난 사람들의 말을 듣고 나서 개인의 목소리가 더 넓은 변화에서 가장 우선하고, 가장 중요한 역할을 한다는 사실을 이제는 보다 깊은 수준으로 이해하게 되었다. 평생 평등을 옹호해온 사람으로서 이 책 자체만으로는 나와 다른 사람들이 이 세계에서 해결하려고 애쓰는 불평등이 해소되지 않으리라는 것은 확실히 안다. 하지만 이 책이 할 수 있는 일은 우리의 삶과 더불어 우리 모두에게 영향을 미치는 정책과 제도를 개선하기 위해 필수적인 선행 조건인 당신의 목소리를 강화하는 것이다.

이 책은 평생 이어질 여정으로의 초대다. 이 과정이 내 삶에 가져다 준 선물에 깊이 감사한다. 그리고 당신에게도 동일한 경험이 되기를 바란다. 이 놀라운 약속을 당신과 공유할 기회를 준 데 감사한 마음을 전한다.

린다 로세티

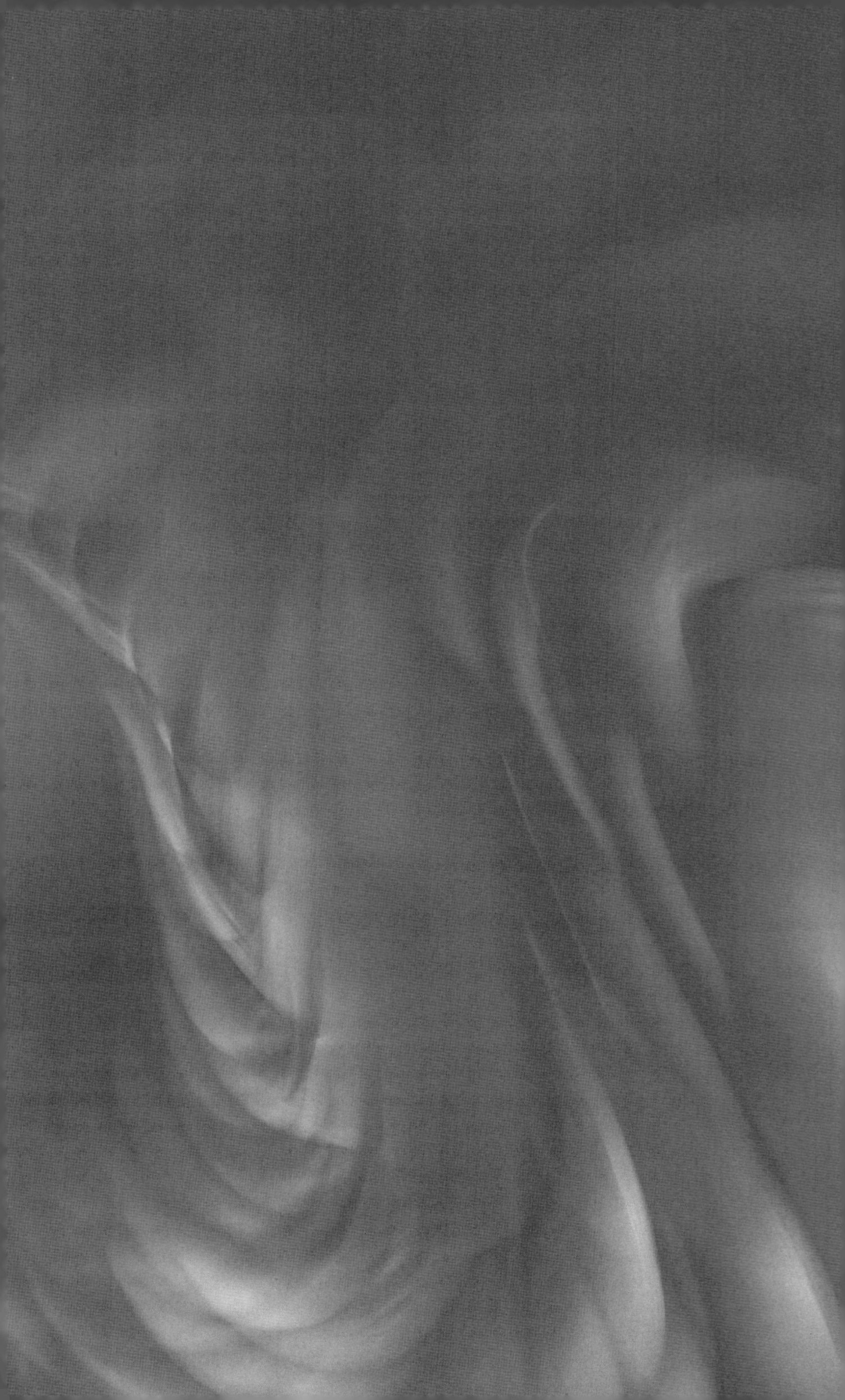

1부

혼란의 이해

1 예상하지 못한 초대

"어찌해야 할지 모르겠어요." 미혼인 마흔한 살의 주식 애널리스트 멜라니는 매사추세츠주 케임브리지에 있는 그녀의 아파트 근처 작은 인디 커피숍에서 나를 만나 이렇게 말했다. "이 나이에 실업자가 되리라곤 상상조차 해본 적이 없어요." 그녀는 말하면서도 자기가 하는 말을 이해할 수 없다는 듯 고개를 내저었다. "이런 말을 당신에게 하는 것만으로도 마음이 불안해요."

멜라니와 내가 공통으로 알고 있는 지인이 우리 두 사람을 중간에서 연결해주었다. 그 친구는 내가 성인이 되어 경험한 혼란에 대해 연구한다는 사실을 알고 있던 터였다. 그 연구 덕분에 멜라니의 이야기가 가슴 아프면서도 동시에 매우 친숙하게 들렸다.

멜라니는 수학과 국제재무학 학위를 갖고 있고 홍콩 금융계에서 8년간 근무했다. "제가 하는 일을 기준으로 저 자신을 정의하지는 않지만, 제 직업과 지금까지 이룬 일이 자기감의 큰 부분을 차지하긴 해요."

그녀는 감추어둔 속내를 털어놓았다. "두려워요. 이제 뭘 해야 할지 모르겠어요."

멜라니는 홍콩을 떠나 뉴욕에 있는 금융 스타트업으로 이직했다. "홍콩 은행에서 바라던 대로 상황이 잘 풀리지 않았어요. 그래서 미국으로 돌아갈 기회를 잽싸게 잡았죠." 그녀에게 뉴욕은 새로운 시작을 의미했다. 그녀의 목소리에서 그 마음을 읽을 수 있었다.

"정말 설레었어요! 회사가 진짜 멋졌거든요. 새로운 온라인 거래 알고리즘을 만드는 중이었어요."

멜라니는 뉴욕에서의 새로운 시작을 이렇게 기억했다. "이직 초기에 새로운 상사와 함께했던 회의가 계획한 대로 잘 진행되지 않았어요. 아마도 제가 질문을 너무 많이 했던 것 같아요. 솔직히 그때 일어나던 일들이 믿기지 않았어요. 그 사람이 회사에 손해를 끼치는 결정을 내리고 있었거든요." 그녀는 마치 자기가 하는 말을 믿기 어렵다는 듯 고개를 흔들었다. "그 사람이 일을 망쳤는데도, 더 많은 일을 맡았다니까요!"

이후 자금 조달이 늦어지자 회사는 인력 감축을 시작했다. 어느 날 대형 회의실로 호출되었을 때도 그녀는 전혀 놀라지 않았다. 그곳에서 멜라니는 자신의 일자리가 없어졌다는 사실을 알게 되었다.

그 불운한 미팅 이후 20개월이 지났을 때까지도 멜라니는 자신과 같은 주식 애널리스트를 지원하는 금융 기술 산업인 '핀테크' 분야에서 새로운 역할을 찾아보려고 끈질기게 노력했다.

"정말 오랫동안 무직으로 지냈어요." 그녀는 포기하듯 한숨을 쉬더니 당황스럽다는 말투로 이야기했다. "분명 저에게 문제가 있는 것 같아요! 도무지 집중할 수가 없어요." 아무리 노력해도 멜라니는 평소에 꼼꼼하던 자신의 모습에서 멀어진 기분이 들었다. "저는 완전 실패자예요."

당신도 멜라니처럼 주력해온 한 가지 노력만 갖고 자기감을 찾고 있지는 않은가? 만약 그 노력이 실패한다면 어떤 일이 생길까?

이 질문에 대한 멜라니의 입장은 분명했다. "제 **인생 전체**에 영향을 미치고 있어요. 제가 옳다고 생각했던 모든 것이 하나도 통하지 않아요."

그녀는 혼잣말하듯 말을 이었다. "제가 주식 애널리스트인데, 계속 이 분야에서 일하고 싶은지도 잘 모르겠어요."

언뜻 보면 멜라니의 이야기가 그녀에게만 해당하는 개인의 일처럼 보일 수 있다. 하지만 그녀가 혼란을 경험하게 된 원인이 즉각 떠오른 생각과 다를 수 있기 때문에 우리가 함께 노력하다보면 당신도 그녀의 경험을 재고해볼 만하다고 생각하게 될 것이다.

혼란이란 무엇인가?

우리가 생각하는 혼란이란 개인의 경험이 중단되거나 경험에 방해되는 일이 발생하는 것을 의미한다. 혼란은 출근길에 자동차 바퀴에 바람이 빠지는 일부터 재혼하여 두 가정이 한 가정으로 합쳐진 이후 완전히 다른 방식의 삶을 사는 것까지 그 형태와 규모가 다양하다. 이혼이나 이사와 같은 사건, 지루함이나 분노와 같은 감정, 노화와 같은 상황도 혼란에 포함될 수 있다.

우리가 정한 정의에 따르면 멜라니는 대화를 통해 설명했던 대로 수개월에 걸쳐 실직과 두 번의 지리적 이동(홍콩에서 뉴욕으로, 뉴욕에서 케임브리지로), 장기 실직과 여러 번의 재취업 실패 후에 느낀 패배감, 혼자 너무 많은 시간을 보내면서 든 실패자라는 생각, 인터뷰 과정에서 최종 단계까지 올라간 후에 느낀 낙관적인 기분 등 많은 혼란을 경험했다. 그뿐 아니라 수많은 다른 사건과 환경, 감정은 멜라니에게 혼란이 될 수 있었다.

하지만 그녀는 혼란이라는 경험 덕분에 내 연구를 통해 인생에서 겪은 중요한 변화 이야기를 나에게 나누어준 200명 이상의 성인과 함께하게 되었다. 그들 중에는 느닷없이 실직하고 동시에 오랫동안 함께한 배우자와 이별한 후 어떻게 살아가야 할지 고민하면서 힘들어하던 독신인 바이오테크 영업사원 토머스가 있었다. 또 남편의 실직으로 15년 만에 급하게 일자리를 찾아야 하는 바람에 자신이 속한 세상을 혼란스럽고 감당하기 힘들다고 느끼게 된 아루시가 있었고, 재혼한다는 기쁨에 사로잡힌 40대 중반의 쌍둥이 엄마 아이린도 있었다. 남편이 다른 남자와 함께하겠다며 떠나버려 자신과 결혼, 가정에 대한 신념이 송두리째 흔들린 모린이나 여러 해 동안 지루함을 느끼다가 한때 가졌던 일에 대한 열정을 다시 불붙이기 시작한 티파니도 있었다. 췌장암으로 투병하던 아내가 24개월 된 딸을 두고 떠난 후 자신의 일부가 사라진 듯한 고통에 슬퍼하던 남편이자 아빠인 제이슨도 그들 중 한 명이었다.

이들 모두 다양한 형태의 혼란을 경험했지만 그들의 경험에는 슬프게도 너무 자주 간과되거나 무시되는 비슷한 맥락이 있음을 알리고 싶다. 이 공통적인 패턴은 소중한 통찰력을 제공하고 방향을 잃은 느낌이 들고 감정적으로 힘든 경험일 수 있지만, 혼란을 인생에서 특별한 가능성으로 이르는 관문으로 바꾸는 데 도움을 준다.

여기서 잠깐 혼란을 대하는 우리의 자세를 짚고 넘어가려 한다. 우리는 혼란을 마주하면 **행동**해야 한다고 사회화되어 있는데, 이러한 편견은 고치거나 뛰어넘거나 즉각 조치를 취하는 등 다양한 형태로 나타날 수 있다. 그래서 우리는 '행동하고, 또 행동하고, 더 행동'한다. 덕분에 혼란이 생기면 재빨리 '해야 할 일'부터 생각한다. 행동하고자 하는 편견을 존중하면서도 혼란에 대한 대응은 일단 제외하고 혼란을 마주한 경험을 우선 이야기하면서 혼란에 대해 천천히 생각해보고자 한다. 이 장에서는 혼란이라는 경험 자체에만 온전히 집중할 것이다. 이후 혼란에 대한 대응은 2장에서 다룰 예정이다.

나는 혼란이라는 경험을 두 가지 차원에서 바라보는 것이 가장 도움이 된다고 생각한다. 하나는 혼란이 우리가 일하는 방식에 미치는 **효과**impact고, 다른 하나는 우리의 자기감에 관한 생각에 미치는 **영향**influence이다.

효과라는 렌즈

효과는 우리가 혼란의 결과에 따라 기능하는 방식을 의미한다. 나는 이러한 효과를 연속선으로 생각하는 것을 좋아한다(그림 1.1). 스펙트럼의 한쪽 끝에서 혼란이 우리가 기능하는 방식에 야기하는 효과는 미미하다. 여기서는 우리가 친숙한 일상을 손쉽게 회복한다. 예를 들어 출근길의 교통체증은 혼란을 가져올 수 있지만 그 여파로 '정상'으로 돌아가는 일은 수월하다. 지각하거나 도착했을 때 지쳐 있을 수는 있지만 점심시간쯤 되면 그 사건은 거의 잊힌다.

이전 단락에서 '정상'이라는 말을 강조한 이유는 모든 사람의 기능 수준이 각자 다르기 때문이다. 학생인 자녀 네 명을 혼자 키우는 아빠의 경우 한 가지 정상적인 기능 수준을 갖고 있지만 장애가 있어 휠체어를 타는 내 이웃의 경우 전혀 다른 기능 수준을 지닌다. 이 연속선은 당신만의 익숙한 일상을 보여준다.

스펙트럼 반대쪽에서 혼란은 우리가 기능하는 방식에 더 큰 효과를 나타낼 수 있다. 멜라니의 경우 꼼꼼한 성격이었음에도 불구하고 다가오

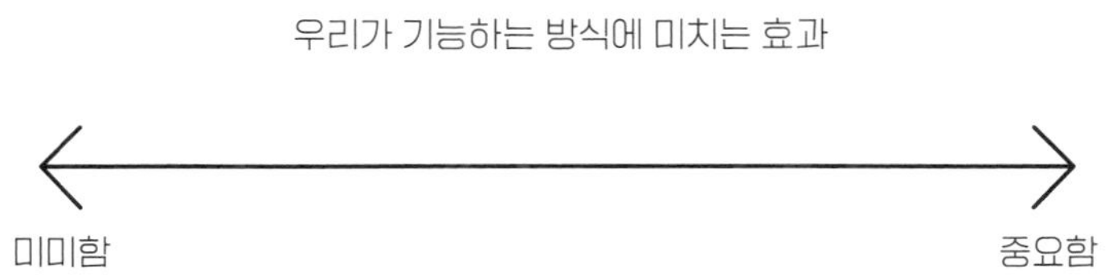

그림 1.1 우리가 기능하는 방식에 미치는 효과

는 면접을 평소처럼 준비하기가 더 어려워졌다고 이야기했다. 아무리 노력해도 평소의 일상을 회복할 수 없었다. 이 혼란은 그녀의 기능에 중요한 효과를 나타낸다.

영향이라는 렌즈

멜라니의 경험은 혼란의 경험에 대한 우리의 또다른 중요한 측면을 보여준다. 즉 혼란이 우리의 자기감에 대한 생각에 미치는 영향이다.

효과와 마찬가지로 자기감에 관한 우리의 사고에 미치는 혼란의 영향도 매우 다양하다(그림 1.2). 스펙트럼 왼쪽 끝에서 자기감에 미치는 혼란의 영향은 아주 미미하다. 출근길에 교통체증을 겪은 사람이 그렇듯 방해가 있었다고 해서 실질적으로는 멜라니의 자기감에 거의 영향을 미치지 않았다.

스펙트럼 반대편에서 우리는 자기정체성에 대한 사고에 큰 영향을 받을 수 있다. 이 지점에서 멜라니는 성인이 된 후 그녀의 인생 전체에서

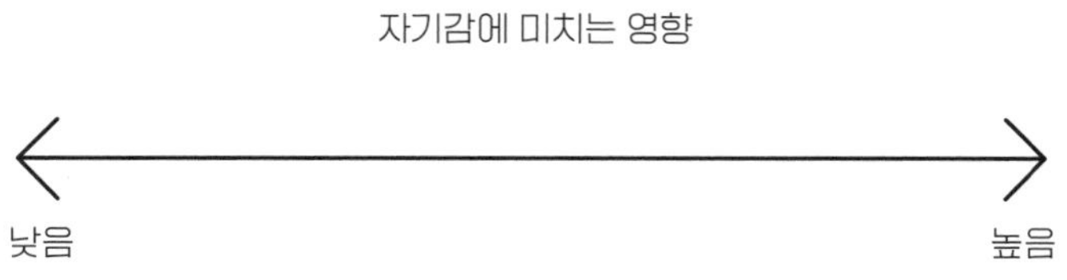

그림 1.2 자기감에 미치는 영향

그녀의 자기개념을 통합하는 구조였던 주식 애널리스트라는 정체성과의 관계에 의문을 갖게 되었다.

혼란에 관한 사례 연구

샌프란시스코에 사는 활달한 성격의 서른 살 여성 시마는 혼란이 주는 효과와 영향을 잘 알고 있다. 예상하지 못한 상황이었지만 그녀는 혼란의 경험을 통해 자기감을 바라보는 중요한 관점을 얻었다.

"내가 나 자신에게 '지금 뭐 하고 있는 거지? 난 이걸 더이상 믿지 않아'라고 말했을 때 모든 일이 시작됐어요." 시마는 나에게 털어놓았다. 그녀의 깨달음은 충격적이고 예상하지 못한 것이었다.

일의 발단은 시마의 직장으로 걸려온 어머니의 전화 한 통이었다. 어머니의 목소리를 듣자마자 그녀는 조용한 곳으로 가서 전화를 받는 편이 좋겠다고 생각했다. 시마는 밖으로 나가 통화를 이어갔다. "어머니의 울음 섞인 목소리에서 알아들을 수 있었던 말은 '유방암에 걸렸어'라는 것뿐이었어요." 시마는 자신이 '암'이라는 단어 앞에 어떻게 무너졌는지 설명했다.

많은 사람이 그러한 전화를 받은 경험이 있으며 '암'이나 다른 중대한 위기와 같은 단어의 무게를 짊어져야 했다. 우리는 모두 이 무게를 다르게 감당한다. 시마의 경우 '암'이라는 단어가 그녀의 정체성에 대해 깊은 의문을 갖게 했다.

시마는 오랫동안 성취 지향적인 사람이었다. 조지타운대학에서 재무 학위를 받은 후 서부 해안 쪽의 일류 투자 은행에 입사했다. "고등학생 때부터 평생 동안 늘 매우 바빴고 굉장히 목표 지향적이었어요." 시마는 재빨리 그동안 이룬 성과를 나열했다. 그녀는 학창 시절 동안 높은 성적을 거두었고, 세 개의 고등학교 스포츠 대표팀에 소속되어 있었으며, 대학농구 1부 리그에서 활동했다.

"나는 매 순간 내 앞에 무엇이 있는지 정확히 알았어요." 시마는 내 쪽으로 몸을 기울이며 말했다. "투자 은행에 입사하자마자 3년 안에 매니저가 되고, 4년 정도 더 지나면 전무이사가 될 것임을 알고 있었습니다. 제 목표는 항상 더 높은 자리를 향해 있었죠." 어머니에게서 결정적인 그 전화를 받았을 때는 시마가 은행에서 일한 지 2년째 되던 해였다.

"당시에는 일주일에 최소 75시간 이상 일하고 있었어요." 시마는 어머니의 항암 치료에 맞추어 업무 회의를 조정하고, 매일 꼭두새벽에 일어나 부모님을 위해 음식을 만들어 출근길에 부모님 댁에 들러 전해주고 갔다. 그래도 그녀의 성에 차지 않았다. "어머니가 나를 필요로 할 때 곁에서 더 많은 시간 함께 있어줄 수 없다는 사실에 정말 힘들었습니다."

"어머니의 상태가 별로 좋지 않았어요." 그녀는 말을 이어갔다. "의사들이 어머니 약을 계속 조절했고, 어머니는 매우 힘들어하셨어요. 아침에 눈을 뜨지 않았으면 좋겠다는 말씀을 계속하셨어요." 어머니의 말에 놀란 시마와 가족들은 어느 날 저녁 특별 상담 세션에 참여하기로 했다. "가족들은 아픈 어머니를 도울 수 있는 방법을 알고 싶었어요. 저녁 7시까지 세션에 참석하러 가야 했죠."

"그날 밤 직장 동료들에게 거짓말을 했어요. 무슨 핑계를 댔는지 기억도 나지 않지만요. 그때 저는 동료들과 매일 밤 8시나 10시까지 일했어요. 핵심은 제가 가족 상담 세션에 가고 있다고 말하기가 불편했다는 거예요."

"그때 이런 생각이 들었어요. 내가 왜 이 회사에서 이렇게 무한 경쟁을 하고 있는 걸까? 왜 다음 마감시간을 맞추고 파트너들을 위해 돈을 더 벌겠다고 애쓰고 있는 걸까? 가족과 함께하기 위해 거짓말을 해야겠다는 생각을 하다니…… 그때 한계점에 이른 것 같아요."

시마와 마주앉아 있으면서 그 깨달음과 어머니의 병이 얼마나 그녀를 힘들게 했는지 알 수 있었다. 그때까지만 해도 그녀는 매우 신중하게 엄선한 계획에 따라 살아왔다.

나는 시마에게 자기정체성을 의심한다는 것이 어떤 느낌이었는지 설명해달라고 요청했다. "그전까지 지켜왔던 삶의 방식 때문에 무언가 다른 것을 마음에 품는 것만으로도 두려워하는 제 모습이 가장 놀라웠어요. 무엇이 옳은 길인지 알지 못했죠. 항상 계산적이고 목표 지향적으로 살았어요. 학업이든 직업이든 사회적으로든 모든 것에 목표를 설정했고, 무엇을 해야 할지 알았고, 그대로 실행할 수 있었어요."

이 문제로 그녀의 자기감이 흔들렸다. "당시 제 신념은 간단했어요. 제가 실패했다고 생각했죠."

이토록 가혹한 자기비판에도 불구하고 시마는 자신의 깨달음을 포기하지 않았다. 그녀는 다음 행보를 결정하는 동안 투자 은행 일을 잠시 쉬어야 한다는 사실을 알았다. 시마는 다른 일자리를 찾기 시작했고, 곧 작은 회사의 재무 부서에서 임시직으로 일하게 되었다. 이렇게 성공한 듯했지만 **다음 단계**는 두려웠다. 처음으로 그녀의 미래가 백지상태가 되었다.

나는 시마에게 그렇게 불확실한 상황에서 일한 경험이 어떠했는지 설명해달라고 요청했다. "숨이 막히는 느낌이었어요. 불안과 두려움, 자기 의심이 반복됐어요. 더이상 단순히 실행하고, '옳은' 결정을 내리고, 앞으로 나아가고 있지 않다는 사실에 너무 두려웠어요."

우리의 대화는 어머니와 통화한 후 약 2년이 지나 그녀가 용기 있는 선택을 한 지점까지 진행되었다. "이곳(베이 지역)에 있는 스타트업에 운영직으로 합류했어요. 정말 재미있고 놀라워요. 어머니 건강도 좋아졌고요." 시마는 미소를 띤 채 말했다. "이렇게 행복할 수 있을지 몰랐어요. 그런 결정을 내렸다는 사실이 정말 기뻐요. 세상에서 가장 두려웠던 변화를 선택하지 않았다면 지금의 직업을 얻을 수 없었을 거예요." 그녀는 잠시 말을 멈추었다가 다시 이어갔다. "정말 많은 사람이 저에게 제정신이 아니라고 했어요. 지금 생각해보면 웃기는 일이에요. 진심으로 제 인생에서 가장 잘한 결정이었거든요. 제 마음을 완전히 열어두었어요. 정말 감사한 일이죠. 다른 사람들이 제 어머니처럼 병에 걸리길 바라는 건 절대 아니지만, 그 일이 아니었다면 절대 생각해보지 않았을 것들을 되돌아보게 되었다는 점에서 감사해요. 제 선택은 가장 안전하고 실용적인 해결책이라고 알고 있었던 모든 것과 반대되는 선택이었어요." 시마는 잠시 생각하더니 자신감 넘치는 미소를 활짝 지으며 말을 마쳤다. "이 길은 제가 어떤 사람인지 알 수 있도록 도와주었어요. 이제는 더이상 두렵지 않아요."

익숙한 자아 안정성 너머에 도달하는 것이 위험하고 반문화적이라고 느껴질 수 있지만, 그렇게 함으로써 우리는 그러한 여정을 시작하는 모든 사람에게 더없이 좋은 기회를 제공하는 발견 과정을 시작하고 있음을 알게 될 것이다.

자기감이 불안해질 때

시마처럼 양 연속선의 우측 끝단에서 불안을 경험하면 우리는 미지의 영역에 남겨질 수 있다. 네 자녀를 둔 마흔한 살의 엄마 베스 앤은 결혼생활을 끝내기로 결정했을 때 자아에 대한 생각에 큰 변화를 경험했다.

베스 앤과 그녀의 남편은 고등학교 시절부터 연인이었으며 각각 다른 대학을 졸업한 후 결혼했다. 그녀는 신시내티 외곽의 작지만 부유한 마을에서 곧바로 유치원 교사로 일하기 시작했다. 그리고 둘째 딸이 6개월 되었을 때 일을 그만두었다.

남편과의 관계는 상상했던 것과 거리가 멀었지만 베스 앤은 한 번도 심각하게 이혼을 고려해본 적이 없었다. "남편은 '너는 돈을 충분히 벌지 못해', '너는 별로 예쁘지 않아', '네가 재미없다는 거 알지'라는 식의 말을 하곤 했어요." 베스가 말했다. "정말이지 끔찍한 말들을 해댔어요." 그녀는 결혼생활에 불만이 쌓여간다는 것을 알고 있었지만 해결해나가려고 마음을 다잡았다.

어느 날 그녀와 남편은 아이들을 병원에 데리고 가기로 약속되어 있었다. 진료를 받기 위해 몇 주를 기다리던 차였다. 요점은 약속시간에 남편이 나타나지 않았다는 사실이었다. "바로 그때 진료실에서 깨달았어요. 결혼생활이 끝났다는 걸." 베스 앤은 자신에 대한 기대와 결혼생활 경험 사이에 격차가 있음을 깊이 깨달았다. 그리고 이혼을 청구했다.

"이혼만큼은 절대 원하지 않았어요. 그 길만은 피하고 싶었죠. 결혼생활을 유지해보려고 노력했어요. 그러다 그 노력이 어리석은 일임을 깨달았어요. 결혼은 구원할 수 있는 일이 아니었어요." 베스 앤은 잠시 말을 멈추었다가 다시 이어갔다. "고통스럽고 힘들었어요."

베스 앤의 결정으로 중요한 변화가 생겼다. "이혼하게 되면서 자랄 때 갖게 된 모든 가치관과 결혼의 의미를 포기하게 됐어요. 저는 아내이자 엄마였어요. 이혼으로 인해 제 가치관이 완전히 변하게 됐죠."

대단히 개인적인 경험

혼란은 보편적인 경험이지만 우리가 혼란을 개별적으로 경험하는 방식은 다르다는 점을 강조하고 싶다. 베스 앤처럼 혼란을 충격적이고 힘든 경험이라고 느끼는 사람도 있고, 가치 있고 유리한 경험이라고 생각하는 사람도 있다. 혼란을 경험하는 방식은 '하나만' 있는 것도 아니고, '옳고 그름'이 있는 것도 아니다.

코로나19 팬데믹 초기에 나는 메이시스 본사에서 일하는 두 명의 매니저와 대화를 나누었다. 두 명 모두 회사가 파산 신청한 이후 일자리를 잃은 상태였다. 하지만 그들의 경험은 완전히 달랐다.

한 명은 실직하여 실망하고 심지어 화가 났지만 수입을 다른 방식으로 빠르게 대체하기 시작했고 그녀의 기능이나 정체성에 대한 생각에는 거의 영향을 미치지 않았다. 다른 한 명은 정반대로 경험했다. 그는 수십 년 동안 메이시스에서 근무한 후 실직과 정체성 해체에 의미를 부여하기 힘들었다. 그 직업 그리고 자신과 직업의 관계가 그에게는 자기정체성이었다. 특히 코로나19 팬데믹 때문에 재정적·사회적, 그리고 웰빙 부담이 추가적으로 더해지면서 무력감을 느꼈다.

혼란은 보편적이지만 우리의 경험은 다를 것이다. 어떤 연령이든, 스물두 살이든 쉰두 살이든 일흔두 살이든 혼란의 경험은 지극히 개인적이다. 메이시스 예시에서 보았듯 다른 사람이 우리와 비슷한 사건을 경험하거나 비슷한 환경에 처한다고 하더라도 우리가 겪은 혼란의 경험이 다른 사람의 경험을 반영하리라는 보장은 없다.

결정의 순간

연구 결과 혼란의 경험에서 뚜렷한 패턴이 드러났다. 그림에서 볼 수 있듯 더 큰 **효과** 또는 **영향**을 지닌 혼란을 경험한 사람은 더없이 좋은 기회에 접근할 수 있었다. 이러한 유형의 혼란을 '게이트웨이 혼란'이라고 한다. 비록 사회적 통념과 종종 반대되는 경우도 있지만 게이트웨이 혼란은 정체성을 활기차고 새롭게 표현할 수 있는 기회를 갖게 해준다.

사회는 우리가 게이트웨이 혼란을 경험할 때 자신에게 가혹해야 한다고 가르친다. 예를 들어 우리는 자기개념과 관련한 흔들림의 첫 징후가 보이면 무시하거나 억누르거나 도망치거나 수많은 방법으로 방해하라고 배운다. 그러한 변화, 즉 정체성에 관한 생각의 변화를 받아들이는 사람은 체면에 먹칠을 당하거나 망신을 당하거나 배제를 당하거나 그들의 성격에 잠재적 문제가 있는 것은 아닌지 의심받는 경우가 많다. 이와 같은 사회적 규범 때문에 우리는 이러한 경험을 크게 오해하고 혼란이 삶에서 나타내는 가치에 접근할 수 있는 능력을 잃을 위험에 처하기도 한다.

게이트웨이 혼란은 우리 자신 안의 무한한 잠재력에 다가갈 수 있는 초대다. 우리의 공동 작업은 게이트웨이 혼란을 경험할 때 새로운 어휘를 구축하고, 발생하는 일을 이해하고, 우리가 꿈꾸고 실현하도록 도와줄 방법을 소개하는 데 중점을 둘 것이다.

리플렉션 : 혼란과 당신

당신은 게이트웨이 혼란을 경험해본 적이 있는가? 이 질문에 답하기 위해 첫번째 '리플렉션' 부분으로 넘어가야 한다. 이 책의 '리플렉션'은 책의 주제를 당신의 경험과 연결하는 데 도움이 되는 일련의 관련 질문들이다. 각 질문은 '리플렉션을 행동으로 옮기기'로 이어지며 여기서는 내 연구에 도움을 준 사람들의 사례를 제시한다.

당신이 '리플렉션'에 시간을 할애하기를 바란다. 독자 입장에서 이러한 부분은 건너뛰고 싶은 마음이 든다는 것은 잘 알고 있다. 나중에 되돌아와서 완성하면 된다고 생각할 것이다. 하지만 시간을 투자한다면 자신에 대한 새로운 사고방식을 배우게 되고 여정을 통해 추가적으로 추진력을 얻게 될 것이다.

시작하기 전에 '리플렉션' 문항에 대한 당신의 대답을 나중에 참고할 수 있도록 저장 공간을 만들어보기를 바란다. 자신에게 가장 적합한 형식을 선택하기를 추천한다. 일기나 노트를 사용하는 사람도 있을 테고, 디지털 폴더를 사용하는 사람도 있을 것이다. 형식과 관계없이 '리플렉션'을 통해 당신의 탐구활동은 활기를 얻을 것이다.

1단계 : 게이트웨이 혼란을 경험한 적이 있는가? 떠오르는 경험을 적어보자.

참고 : 게이트웨이 혼란은 우리가 기능하는 방식에 효과를 나타내고 또는 우리가 정체성을 생각하는 방식에 영향을 미치는 경험이다.

게이트웨이 혼란은 사건, 감정, 또는 상황에 따라 시작될 수 있다.

2단계 : 게이트웨이 혼란을 경험하는 것은 어떤 느낌이었나?

예를 들어 지리적 이동이라고 적었다면 두렵고, 지치고, 스트레스받고 또는 흥분되는 느낌이 들 수 있다.

3단계 : 게이트웨이 혼란은 당신에게 어떤 의미인가?

예를 들어 지리적 이동은 오래된 관계가 끝난 후 '새로운 시작'을 의미할 수 있다. 또는 오랫동안 바라던 일을 의미할 수도 있다.

리플렉션을 행동으로 옮기기

쉰네 살의 생명공학자 샘은 '리플렉션'이 자신의 경험에 새로운 시각을 갖게 하고 오래 미루어왔던 질문을 스스로에게 할 수 있도록 도움을 주었다는 점에서 유용하다고 생각했다. 샘은 고용주가 장기근속 직원에게 유리한 조기 퇴직 프로그램 기회를 제공하며 구조 조정을 발표하자 조기 퇴직을 선택했다.

샘은 "로또에 당첨된 기분"이었다고 고백했다. 그는 퇴직금을 은행에 예치하고 바로 재입사할 계획이었다.

하지만 계획대로 일이 진행되지 않았다. "이제 실직한 지 거의 1년 가까이 되었습니다." 샘은 실직 기간이 길어지면서 혼란을 경험했다. 실직을 극복하고 새로운 직장을 구하느라 예상하지 못한 힘든 시간을 보냈다.

"솔직히 자신감이 많이 떨어졌어요. 거절도 많이 당했지만, 새 직장을 찾는 데 긍정적인 반응을 얻지 못하면서 기운이 많이 빠졌죠." 그는 숨을 고르고 말을 이었다. "저는 매일 동료들과 비교하며 저 자신을 부정적으로 평가하지 않기 위해 노력하고 있어요. 하지만 다른 한편으로는 이런저런 일을 할 수 있다는 생각도 해요. 공직에 출마할 수도 있고, 주지사가 될 수도 있죠. 온갖 생각이 다시 떠오르고 있어요. 오랫동안 생각해보지도 못했던 것들이요."

"열여덟 살에 저의 정체성을 정한 뒤 그 정체성은 이후 내리는 모든 결정에 영향을 주었어요." 샘은 어처구니없다는 말투로 회상했다. "열여덟 살에 생명공학을 선택했고, 스물한 살에 결혼했습니다. 제가 뭘 알았겠어요?" 말끝에서 그의 목소리가 몇 옥타브 올라갔다. "열여덟 살짜리한테 조언을 구하시겠어요?" 그가 우려하는 목소리로 단호하게 말했다.

샘은 혼란을 경험하면서 오랫동안 생각하지 않았던 자기개념에 대한 의문이 생겨났다. "저는 끝까지 가볼 생각이에요"라고 하며 샘이 말을 마쳤다. "어디로 이어질지 모르겠지만, 앞으로 벌어질 일에 마음이 열려 있어요."

실수에 휘말리다

연구를 시작하기 전에 나도 심각한 게이트웨이 혼란을 경험한 적이 있다. 당시 혼란을 알리던 신호가 있었는데도 무시했을 뿐 아니라 그 바람에 점점 더 걱정스러운 결과를 경험해야 했다.

36개월이 넘는 기간 동안 나는 지속적으로 큰 혼란을 경험했다. 두 아이를 낳았고, 수년간의 암 투병 끝에 아버지가 돌아가셨으며, 창업하여 운영하던 회사를 매각했다. 이 경험은 내가 온전히 그 일에 집중하기를 요구하고 나를 효과와 영향의 연속선 우측 맨 끝에 서게 할 수 있었다. 이 모든 상황에서 나는 어떻게 행동했을까? 새 직장을 구하고 낮은 자세로 조용히 계속 나아갔다.

어느 날 퇴근길에 낯선 사람의 차를 의도치 않게 '빌려' 탄 적이 있다. 자세한 이야기를 하기 전에 맨 처음 내가 그 상황에 처할 수밖에 없었던 정체성에 대해 먼저 이야기해야 할 것 같다.

나는 1980년대에 성인이 되어 여자대학에서 학사 학위를 받고 하버드 경영대학원에서 MBA를 취득했다. 이후 포춘 글로벌 500 기업 중 35억 달러 규모의 아이언마운틴에서 인사 및 관리 담당 부사장으로 근무하며 CEO에게 보고했다. 37개국 2만 1000명의 직원을 책임지는 역할이었다. 상장 기업에서 인수한 벤처캐피털 지원 기술업체의 CEO를 거쳐 그 직책을 맡게 되었다.

자랑하려고 이력을 이야기하는 것이 아니다. 그 정체성을 만들기 위해 내가 평생을 노력해왔다는 점을 강조하기 위해서 한 말이다. 그 정체성을 바꾸겠다거나 정체성이 어떤 형태로든 변할 것이라고 생각해본 적도 없었다. 만약 혼란을 이해했더라면 드라마 같은 그 일에 대한 나의 경험과 그 여파는 현저히 달랐을 것이다.

당시 있었던 일을 나는 다음과 같이 기억한다.

하루는 베이비시터가 정확히 오후 5시 30분에 퇴근해야 해서 나는 그보다 더 빨리 퇴근해야 한 적이 있다. 굉장히 드문 일이었다. 오후 4시 59분에 엘리베이터를 타러 뛰어나갔다. 엘리베이터 문이 지하 3층에서 열렸고 공교롭게도 우리 집에서 타는 검은색 혼다 파일럿과 검은색 볼보 크로스컨트리가 내 눈앞에 서 있었다. 직원들은 주차장에서 주차요원들이 필요에 따라 종일 차를 옮길 수 있도록 차 열쇠를 차 안에 두게 되어 있었다.

나는 혼다 파일럿을 타고 휴대전화를 중앙 콘솔에 넣어둔 채 지상까지 구불구불한 길을 따라 올라갔다. 주차장 입구에서 운전석 창문을 열고 전자 리더기에 사원증을 흔든 후 복잡한 일방통행 도로로 들어섰다. 차가 거대한 건물을 빠져나왔을 때 라디오에서 낯선 방송이 흘러나왔다. 주위를 둘러보다가 차 내부가 회색이 아니라 베이지색임을 알아챘다. '아뿔싸! 내가 엉뚱한 차에 타고 있었던 것이다!'

무슨 일이 일어나고 있는 것인지 깨달았을 즈음에는 이미 건물에서 꽤 멀리 떨어진 상태로 꽉 막히는 도로 위에서 숨이 가빠지고 있었다.

우회전하고 또 우회전하고 다시 우회전해서 도시 한 블록을 돌아 창문을 열고 사원증을 대고 주차장 안으로 다시 들어갔다. "지금 차를 훔치시는 거예요?" 수년간 알고 지낸 수석 주차요원 호아킨이 소리쳤다. 호아킨과 그의 동료들이 정말 웃긴다는 듯 깔깔대고 있었다. 나는 멈추지 않고 빙글빙글 돌아 내려갔다. 지하 3층까지.

내 차가 눈에 들어오자 몇 분 만에 처음으로 숨을 쉴 수 있을 것 같았다. 재빨리 주차하고 서류 가방을 챙겨 모든 과정을 다시 반복했다.

다시 구불구불한 길을 운전하여 출구까지 올라갔다. 주차요원들은 여전히 웃고 있었고 나는 손만 흔들고 아무 말도 하지 않았다. 전자 리더기에 사원증을 대고 도로로 나섰다. 라디오 소리가 들리지 않았다. 이제 되었다 싶었다.

나는 베이비시터에게 전화하려고 휴대전화를 찾았다. 그제야 엄청난 실수를 깨달았다. 아까 그 차 콘솔에 휴대전화를 두고 온 것이었다.

우회전하고 또 우회전하고 다시 우회전해서 도시 한 블록을 또 돌았다. 나는 사원증을 대고 주차장으로 다시 들어갔다. 주차요원들이 "이번에는 다른 차를 훔치시려고요?"라고 소리쳤다. 나는 설명할 시간조차 없어서 어색한 웃음만 짓고 지하 3층을 향해 내려갔다.

다행히 아까 몰았던 차가 그대로 있었다. 나는 차를 세우고 잠시 망설이다가 운전자석 쪽 문을 열고 상체를 밀어넣어 휴대전화를 꺼냈다.

세 층 위에서는 주차요원들이 웃느라 눈물을 흘리고 있었는데, 나중에 알고 보니 그들이 경비실 CCTV를 통해 이 드라마 같은 일을 다 보고 있었던 것이다. 도로로 들어선 후 나는 베이비시터에게 전화를 걸었는데, 이미 30분이나 더 늦은 상황이었다. 그녀는 매우 화가 나 있었다. 충분히 이해되는 바였다.

"대체 무엇이 잘못된 걸까?" 나는 퇴근시간에 꽉 막힌 도로에 앉아 걱정스럽게 스스로에게 질문했다.

이 사건의 여파로 나는 고립되고, 무력하고, 방향을 잃은 기분이었다. 내가 나답지 않게 흐트러지고 있다는 사실을 알면서도 무슨 일이 일어나고 있는지 정확히 콕 집어 말할 수 없었다. 우리 중 다수가 그렇듯 시간의 압박을 받는 상황에서 나는 '차를 빌린 사건'을 일진이 안 좋았던 탓으로 돌리고 지나가버렸다.

나중에 생각해보니 주차장에서 흐트러진 모습은 점점 더 심각해지는 일련의 신호 중 하나였다. 마치 모든 일이 내 주의를 끌기 위해 일제히 움직이고 있는 것 같았다. 당시 혼란을 이해할 수 있는 열쇠인 로제타석Rosetta Stone[1]을 갖고 있지 않았기 때문에 어떤 의미 있는 방식으로도 대응할 수 없었다. 로제타석은 학자들이 이집트 상형문자를 해독하는 데 실마리가 된 유명한 비석이다. 이 책에서 다루는 우리의 작업은 로제타석 역할을 할 것이다. 우리가 게이트웨이 혼란을 경험할 때 무슨 일이 일어나고 있는지 해석하게 해주고, 더 중요하게는 혼란이 삶에 가져다주는 놀라운 가치를 실현하는 방법을 알려줄 것이다.

1 1799년 발견된 로제타석을 통해 고고학자들은 이집트 상형문자의 암호를 해독할 수 있었다. https://www.history.com/news/what-is-the-rosetta-stone

당신의 초대

혼란은 흔히 일어나고, 자주 간과되며, 대단히 오해받는 사건으로 우리 마음속에만 간직하고 있는 꿈을 실현하는 진입로 역할을 할 수 있다. 게이트웨이 혼란은 사건, 감정, 상황이 정체성에 관한 우리의 생각에 의미 있는 영향을 주거나 우리의 기능에 효과를 나타낼 때 발생한다. 세계무대에서 놀라운 활약을 펼친 후 스포츠를 떠나기로 결심한 올림픽 금메달 5관왕에게만 일어나는 일이 아니다. 외적 성공에 집착하는 사람을 포함하여 누구나 한 번쯤은 게이트웨이 혼란을 경험한다.

이 책은 게이트웨이 혼란을 마주할 때 일어나는 일에 대한 새로운 사고방식을 소개하고 우리 인생에서 중요한 그 순간에 다르게 대응하는 방식을 가르쳐준다.

이 책은 다음의 내용을 다룬다.

- 게이트웨이 혼란에 대해 새롭게 이해하기
- 이러한 혼란에 대응하기 위해 사용할 수 있는 방법과 선택한 방법의 의미 살펴보기
- 선택한 대응을 능숙하게 탐색할 수 있는 새로운 기술 배우기
- 기회를 파악하고, 이전에 불가능하다고 느꼈던 꿈을 좇고, 궁극적으로 우리가 상상한 삶을 살아가는 방법 발견하기

이 책은 혼란을 자기개념을 새롭게 하는 플랫폼이자 즐겁고, 포괄적

이며, 활기 넘치는 성장을 가능하게 하는 여정으로 자리잡게 할 것이다. 이 여정을 함께해나가며 당신은 이러한 초대를 받아들이고, 삶의 궤적에 긍정적 영향을 미치는 선택을 하는 방법을 배우게 될 것이다.

2 혼란에 대응하기

당신은 혼란에 어떻게 대응할 것인가? 이 질문은 단순해 보인다. 특히 혼란에 대한 우리의 경험이 우리의 기능에 나타내는 효과가 거의 없고 자기개념에 미치는 영향이 거의 없다면 더욱 그러하다. 그렇다면 게이트웨이 혼란은 어떤가? 이러한 상황이 발생할 때 당신은 어떻게 대응할 것인가?

우리가 방향을 잃고 가슴 아프고 혼란한 상황에 처했을 때 대응 방법을 **선택**하는 일이 옳지 않다고 생각할 수도 있다. 예를 들어 최근 사별한 쉰아홉 살의 에일린은 이렇게 질문한다. "저에게 어떤 선택권이 있나요? 남편이 죽었는데요."

에일린과 남편은 결혼 35주년을 기념하기 위해 준비하고 있었다. "어느 날 저녁 남편은 개를 산책시키기 위해 좋아하는 의자에서 일어나다가 쓰러졌어요." 그녀의 목소리는 떨리고 있었다. 나는 손을 뻗어 그녀의 손을 잡았다. 우리는 그녀의 세상에서 최근에 지나간 일들을 생각하며 한동안 말없이 그렇게 서 있었다. 내가 건네는 위로는 그녀의 걱정을 전혀 덜어주지 못했다. 상실의 세계에 서 있는 그녀에게 어떤 선택이 있겠는가?

이 장에서는 게이트웨이 혼란에 대응하여 우리가 할 수 있는 선택에 초점을 맞추어 에일린의 질문에 답해보려고 한다. **변화**와 **전환**이라는 두 가지 일반적인 대응의 차이점을 살펴보고 우리 자신과 선택의 관계에 대해 생각해볼 것이다. 우리는 상황과 상관없이 게이트웨이 혼란이 특정한 대응을 규정하지 않는다는 사실을 함께 배울 것이다. 대신에 게이트웨이 혼란은 우리에게 가치와 의미가 있는 방식의 대응을 선택할 수 있도록 강력한 기회를 제공한다.

변화와 전환의 이해

에일린 남편의 죽음과 같은 혼란의 순간을 맞이하면 우리는 다양한 방식으로 대응할 수 있다. 현재 상황에 매달리거나, 상상 속 안정적인 장소를 굳건히 지키거나, 변화 또는 전환을 선택할 수 있다. 이 범위가 목적에 따라 지나치게 단순화된 면은 있지만 혼란이 닥쳤을 때 보통 두 가지 공통된 특징을 나타낸다. 그것은 바로 전혀 다른 두 가지 대응인 '변

혼란이라는 렌즈를 통한 변화와 전환

변화는 자기감의 기반이 되는 가정을 그대로 둔 채
세부사항을 바꾸는 과정이다.

전환은 자기감을 형성하는 가정을 재검토하는 과정이다.

그림 2.1 혼란이라는 렌즈를 통한 변화와 전환

화'와 '전환'이다.

우리는 이미 알려진 정체성 표현을 그대로 유지하려 할 때 **변화**를 선택하고 자기감을 기꺼이 바꾸고자 할 때 **전환**을 선택한다(그림 2.1).

변화를 통해 우리는 자기개념의 안정성을 유지한 채 헤어스타일이나 아파트 등 세부적인 것을 바꾸거나 변화를 준다. 변화를 선택하면 혼란한 상황에서 발생하는 불확실성을 해결하기 위해 사소한 것을 바꾼다. 변화를 선택할 때 정체성에 관한 신념은 그대로 유지한다.

전환을 통해 우리는 자기감에 관한 생각의 변화를 받아들이며 잠시 동안의 불안정성을 기꺼이 수용하기로 선택한다. 전환을 선택할 때 우리는 자기개념의 기반이 되는 가정을 재검토한다. 변화의 반대 개념으로 사용된 전환은 알려지지 않은 결과를 초래한다. 전환은 우리가 누구인지, 세상에서 어떻게 의미를 만들어가는지에 대한 가정을 재검토하는 발판 역할을 한다. 혼란에 대한 대응으로 선택한 전환은 정체성에 관한 생각의 진화를 기꺼이 받아들이겠다는 의지라고 할 수 있다. 전환이라는 대응을 통해 우리는 자기감을 재구상하거나 변화시키고 여정이 시작될 때는 알 수 없었던 새로운 정체성 표현에 마음을 열게 된다. 전환을 선택한 개인은 성장할 수 있고 자신과 세상의 가치를 바라보는 새로운 방식을 알게 된다.

변화와 전환의 차이는 험준한 바위투성이 산에서 하이킹하는 것과 비슷하다고 생각하면 도움이 된다. 이 산에서 산 둘레를 도는 수평 트레일은 고도가 높지 않다. 각 트레일에는 수직으로 올라가기 위한 기점이 하나씩만 있다. 혼란은 우리를 수풀이 약간 무성하지만 눈에 보이는 기점에 도달하게 한다.

변화를 선택한다는 것은 우리가 수평으로 난 길 중 우회로를 선택하는 것이다. 기억해야 할 것은 수평으로 난 길의 우회로가 지난번과 산의 상황이 다를 수 있기 때문에 낯설게 느껴질 수 있다는 점이다. 따라서 똑같이 수평으로 난 길도 과거보다 훨씬 더 힘들 수 있다. 전환을 선택한다는 것은 무성하게 자란 수풀을 헤치고 더 높이 있는 수평 트레일을 향해 올라가는 길을 선택한다는 것이다.

변화와 전환은 혼란을 마주했을 때 선택할 수 있는 두 가지 대응을 의미하며 각각의 대응은 자기개념과 연관되어 있다.

두 가지 대응

아서는 내 연구에 참여한 많은 사람과 마찬가지로 변화와 전환에 대한 이야기를 들려주었다. 그는 “제가 큰 선물을 받았어요”라고 하며 말문을 열었다. “이제 다른 사람들과의 관계가 완전히 달라졌습니다. 저의 세계는 예전보다 훨씬 커졌어요.”

우리는 샌프란시스코만이 바라다보이는 세인트프랜시스요트클럽 근처 공원 벤치에 나란히 앉아 있었다. 요트들이 수면 위아래로 흔들렸고 사방으로 미로처럼 펼쳐진 부두 곳곳에 흩어져 있었다. 숨이 멎을 만큼 아름다운 광경이었다.

아서는 인근 오클랜드에서 자랐고 바쁜 업무중에도 점심시간이 되면 이곳에 앉아 휴식을 취했다. 나는 샌프란시스코에 여러 번 와보았지만 이곳은 처음이었다. 그가 이러한 아름다운 광경을 선물해주어서 고마웠다. 장엄한 느낌도 들었다.

나는 아서에게 그의 세상을 이전보다 훨씬 더 크게 만든 것이 무엇인지 물어보았다. “실명을 받아들이는 것이었어요.” 아서는 담담하게 말했다. 그는 단어 선택에 신중했다. “시력을 잃지 않았다면, 다른 사람과의 관계가 우리를 자기 자신과 만나는 길로 이끌어준다는 사실을 알지 못했을 거예요. 이상하게 들릴지도 모르겠지만, 저는 지금 훨씬 더 많은 것을 볼 수 있어요.”

혼란 앞에서의 변화

몇 년 전 아서는 퇴행성 눈 질환으로 인한 시력 저하를 해결하기 위해 일련의 변화를 시도했다. 그의 대응은 급격하게 변화된 상황을 마주했을 때 많은 사람이 보이는 대응과 비슷했다. "초기에는 시력 문제에 대해 아무에게도 말하고 싶지 않았어요. 눈이 보이는 세상에서 살고 싶었어요. 그래서 앞을 볼 수 없다는 사실에 힘들어했지요. 이 모든 일이 무슨 의미인지 깨닫기까지 12년이 걸렸어요." 그는 담담하게 이야기했다.

"저는 소프트웨어 회사에서 매우 외향적인 매니저로 일하고 있었어요. 모르는 회사 사람이 없었어요. 다른 사람들도 모두 저를 알았고요. 농담도 제일 잘했죠!" 그는 웃으며 말했다. 그가 회사에 어떤 에너지를 불어넣었을지 단번에 알 수 있었다. "시력이 나빠지면서 점점 위축되기 시작했어요. 외출하는 횟수도 점점 줄어들었어요. 그게 저의 변화였죠. 저의 세상은 아주 작아졌어요."

아서는 이러한 변화를 통해 보이는 세계에서 볼 수 없는 사람이 되었지만 자기개념은 그대로 유지할 수 있었다.[1] 우리가 변화를 선택할 때는 디테일에 변화를 주어 혼란을 해결하고 흔들리는 자기감에 안정감을 회복하려고 한다.

많은 사람이 큰 변화를 겪을 때와 마찬가지로 아서의 선택은 두려움

1 자기동일성은 아나 리히트바르크-아쇼프Anna Lichtwarck-Aschof와 파울 반 흐레이르트Paul van Greert를 포함한 네덜란드 연구자들이 지지하는 발달 개념이다. "Time and Identity: A Framework for Research and Theory Formation", *Developmental Review* 28, no. 3 (2008): 370-400.

에 묻혀 있었고 자신의 모습과 완전히 단절된 느낌이었다.

"어떤 면에서 저는 시력을 잃기 전에도 계속 저를 찾고 있었어요. 제가 알고 있던 세상을 샅샅이 뒤졌어요. 하지만 아무리 찾아도 어느 곳에서도 저를 찾을 수 없었죠. 두려움 그 이상이었어요."

혼란의 시기에 변화는 보호 본능에서 발현되는 대응이다.[2] 변화를 통해 우리는 자기개념과 그 개념이 주는 안정성을 재확인한다. 아서의 경우 시력을 잃은 상황에 순응하기 위해 변화하고 적응했다. 물론 이렇게 보호 본능이 발휘될 때 우리는 이 변화가 실제로 옳은 일이라고 믿는다.

아서는 다음에 무슨 일이 일어났는지 나에게 설명했다. "유머 감각을 잃었고, 자신감도 사라졌죠. 인생의 전반적인 방향성도 잃어버렸어요." 당시에는 아서가 선택한 변화가 옳은 일이라고 생각되었지만 그의 세계는 심각한 대가를 치러야 했다.

내가 듣고 있는 이야기와 내 옆에 앉아 있는 이 멋진 남성을 연결하는 것은 불가능한 일이었다. 그래서 어떤 변화로 인해 그가 처음에 말했던 '선물'에 이르게 되었는지 더욱 궁금해졌다.

2 보호 대응의 개념은 정신과 전문의 로저 굴드Roger Gould의 연구에서 유래했다. 그는 성인 발달의 권위자다. Roger Gould. 1978. *Transformations: Growth and Change in Adult Life*. New York: Simon & Schuster.

혼란 앞에서의 전환

"전환이 시력과는 전혀 관계없는 문제라는 것을 이제는 깨달았어요." 아서의 전환은 시각장애인을 위한 워크숍에 초대받았을 때 시작되었다. "전환은 우리가 자신을 바라보는 방식에 관한 것입니다. 그 과정을 통해 자신감이 커졌고, 제 시야가 점점 넓어졌어요." 그는 이 점을 강조했다. "제 경우 전환은 제 안의 가치를 아는 것이 핵심이었어요. 시력을 잃는 것 자체가 중요한 게 아니더군요. 문제는 저의 정체성이었어요."

그는 활짝 웃더니 잠시 머뭇거렸다. 무언가 놀랄 만한 이야기를 준비했다는 느낌이 들었다. "워크숍을 마치고 여기 요트클럽에서 처음 취미 세일링 수업에 등록했어요." 나는 말문이 막혔다. 아서가 세일링과 관련이 있는지도, 바로 이 장소와 인연이 있는지도 몰랐기 때문이다.

"일주일에 두 번씩 아파트에서 이곳까지 직접 와야 했어요. 그러려면 시각화를 연습해야 했죠. 저 같은 시각장애인은 바트(샌프란시스코에 있는 도시 근교 고속철도)역에서 이곳까지 왔다가 돌아가는 방법을 시각화를 통해 익혀야 해요. 시간이 지나면서 이러한 과정이 저 자신의 가치와 제가 다른 사람들에게 제공할 수 있는 가치를 재구성하는 데 도움이 됐어요."

아서는 단번에 자신을 새롭게 이해하게 된 것이 아님을 분명히 했다. 확장은 시간이 흐르면서 반복적으로 이루어졌다.

"도시 곳곳에서 교육 동기생들을 만나기로 계획을 세웠어요. 점점 더 큰 규모의 컨설팅 프로그램을 맡아 집에서 진행했어요. 이러한 단계를 통해 중요한 방식으로 발전시킬 수 있었죠." 나는 아서가 전환을 진행하면서 계속해서 많은 변화를 만들어갔다는 사실을 인지하고 있다는 사실이 정말 좋았다.

나는 아서에게 전환을 통해 무엇을 배웠는지 물었다. 그는 진지하게 이렇게 대답했다. "다른 사람들과의 관계가 눈에 보이는 것이 아니라는 사실을 배웠어요. 제가 볼 수 없기 때문에 다른 사람에 대한 판단은 전적으로 소통을 바탕으로 하고 있어요. 당신이 어떻게 생겼는지, 무슨 옷을 입었는지 전혀 모르니까요." 그는 잠시 머뭇거리다가 말을 이었다. "제가 운이 좋은 사람이라는 생각을 해요. 저는 사람들을 보거든요. 사람들을 진짜로 보는 거예요. 다른 사람들이 슬쩍 보고 지나간 멋진 사람들을요. 이건 선물이에요."

그의 말을 듣고 있는데 소름이 돋았다.

"최고의 순간은 여기 길 아래쪽에 있는 기술 아웃소싱 회사에서 매니저로 새로 일하게 되었을 때였어요. 갑자기 누군가 제 가치를 알아봤어요. 저에게 가치가 있었던 거죠." 아서는 여러 해 동안 일관된 외부 검증 자료가 없었다. "저는 저 자신에게서 가치를 발견할 수 있었고, 다른 사람들도 제 가치를 알아보았던 거죠." 아서가 이렇게 말했다. "인생이 바뀌는 경험이었어요."

자신을 주도하기

아서의 이야기는 혼란을 마주했을 때 변화와 전환을 선택하는 사이의 중요한 차이점을 강조한다. 전환을 위해 우리는 스스로 적극적으로 선택하여 자신의 목소리를 높여야 한다. 사실 모든 전환의 공통분모 한 가지는 자신만의 진실과 깊이 연결하려는 의지다.

우리가 사는 세계에서는 진실을 언급할 때 여러 단어를 혼용한다. 여기에는 목소리, 내면의 목소리, 진정한 목소리, 개인적 진실, 정체성, 정신, 본질, 개인적 현실, 진정한 자아, 자아의 충만함, 우리의 온전함 등이 포함된다. 내가 '진실'이라는 단어를 사용할 때는 당신이 마음속으로만 간직하고 다른 사람에게 보인 적 없는 자아의 온전함을 의미한다는 점을 기억하기를 바란다. 이 책에서 '목소리'는 말이나 들을 수 있는 표현과는 관련이 없다. 우리의 목소리는 자기정체성과 우리 자신과 세상 안에서 살아가는 방식, 우리가 진실로 믿는 모든 것을 포함한다.

우리의 진실과의 연결은 전환의 또다른 중요한 특징을 드러낸다. 전환은 벗어남을 통해 달성**할 수 있지만** 반드시 벗어나야 하는 것은 **아니**라는 사실이다. 사람들은 보통 무언가에서 떠나야 전환할 수 있다고 믿는다. 그래서 관계나 삶의 방식, 도시에서 떠난다. 사실 벗어나는 것만으로는 전환을 이룰 수 없다. 전환을 위한 유일한 요건은 자신의 목소리를 높이려는 의지다.

이 새로운 관점은 새로운 방식으로 생각하는 데 도움을 준다. 전환을 위해 우리는 자기정체성을 주도해야 한다. 즉 우리는 자신의 목소리를 식별하고 활성화한 다음 다른 사람들이 새롭게 달라진 자신을 보고 듣고 경험할 수 있도록 하는 선택을 해야 한다. 자기정체성을 이해하는 것 자체가 도전이 될 수 있다. 우리와 우리 자신의 진실 사이의 관계는 게이트웨이 혼란을 경험할 때 다양한 수준으로 활성화될 수 있다.

나는 항상 이 활성화를 두 단계로 생각하는 것이 유용하다고 본다. 첫째는 우리의 진실을 아는 단계고, 둘째는 그 진실에 따라 기꺼이 살아가려는 단계다. 이 두 단계 모두 뒷부분에서 혼란에 대응하는 '방식'에 관해 논의할 때 다룰 것이다. 지금은 우리의 진실에 맞추어 행동하는 단계가 아니라 진실을 아는 단계를 보여주는 이야기를 하고자 한다.

어느 날 시카고에서 진행했던 비영리단체 지도자를 대상으로 한 세미나가 끝나고 두 명의 여성이 나에게 다가왔다. 한 여성은 눈물을 흘리고 있었다. "제 목소리를 들을 수 있어요." 그녀가 이야기를 털어놓기 시작했다. "저에게 소리치고 있어요." 그녀는 자기정체성과 연결되어 있었지만 자신의 목소리에 따라 행동하기가 두려워 꼼짝도 못하고 있는 상태였다. "이제 어떻게 해야 하죠?" 그녀는 눈물을 흘리며 반문하듯 물었다. 그녀는 마음속으로 자신의 진실에 따라 행동했던 결과가 끔찍했다고 생각했다.

마치 기다렸다는 듯 곁에 서 있던 여성도 몸을 돌려 자신의 진실과의 관계에 대한 이야기를 들려주었다. 그녀는 멀리 있는 육지를 찾는 뱃사람을 흉내내듯 눈썹 위에 손을 얹었다. "탐색! 저는 30년 동안 제 목소리를 사용하지 않았어요." 그녀가 웃으며 말했다. 그녀는 자신의 진실을 발견하기 위한 걸음을 내디뎌야 자신의 여정이 시작된다는 사실을 알고 있었다.

목소리와 우리의 관계는 이분법적이지 않다. 단순히 목소리를 내거나 내지 않는 것만 목소리를 경험하는 것이 아니다. 전환을 선택하는 많은 사람이 더 크고 눈에 띄는 변화를 시도하기 전에 소소한 방식으로 자신을 주도하는 것부터 시작한다. 이러한 반복적인 접근 방식은 전환을 선택할 수 있는 사람과 선택할 수 없는 사람의 프로필을 바꾼다. 시간에 쫓겨 힘겨워하는 사람들까지 포함하여 누구든 전환을 선택할 수 있다. 우리의 목소리와 가까운 관계를 맺기 위한 작은 노력으로는 상사와의 주간 회의에서 질문을 하나 더 한다든가 친척과의 싸움에서 의견을 말하는 일 등이 있을 수 있다. 이러한 작은 변화는 '인생을 바꾸는' 전환을 경험했던 아서가 했던 것과 비슷한 여정의 시작이 될 수 있다.

혼란의 결과를 전환하려면 정체성에 관한 우리의 가정과 우리가 세상에서 의미를 찾는 방법을 재검토해야 한다는 점에서 변화와 다르다고 할 수 있다. 전환하려면 우리가 선택해야 할 뿐 아니라 우리의 진실을 더 많이 활성화해야 한다. 이 차이가 중요하다. 우리는 살면서 많은 변화를 강요당할 수 있지만 전환, 즉 자기정체성 주도는 항상 선택의 문제다.

정체성과 자아,
그리고 우리를 설명하는 데 사용되는 용어

이 장에서 나는 '우리가 누구인지', '자기감', '자기개념', '자기정의', '정체성' 등의 단어를 혼용했다. 이 모든 단어의 바탕이 되는 두 가지 근본 용어 '정체성'과 '자아'의 의미를 명확히 하고자 한다.

이 책에서 정체성이란 우리가 누구인지를 결정하는 요소들의 합성 용어다. 우리는 의사일 수도 있고, 소방관일 수도 있으며, 부모일 수도 있고, 간병인일 수도 있으며, 혹은 이분법으로 나눌 수 없는 개인일 수도 있다. 또한 활기차거나, 운동을 좋아하거나, 동정심이 많거나, 영적이거나, 내성적이거나, 친절하기도 하다. 우리는 평생 동안 이 정체성을 형성하고, 키우고, 이용한다.

정체성은 자아보다 더 큰 개념이다. 자아는 우리의 의식 및 무의식과 더불어 우리의 유전인자와 유전인자가 상호작용하는 방식과 우리의 환경을 포함한 여러 요소를 정체성에 추가한다.[3] 나는 정체성을 우리가 자신을 이해하는 방식이라고 생각한다.

사람들은 보통 '정체성'이라는 용어를 쉽게 이해한다. 그러한 면에서 다음과 같은 정체성의 특징을 염두해두기 바란다. 첫째, 우리는 정체성이 불변한다고 생각하도록 사회화되었다. 우리는 고정된 정체성을 좋아한다. 이러한 고정관념은 너무 강해 정체성 변화를 회의적인 시선으로

3 Jennifer Ouellette. 2014. *Me, Myself, and Why: Searching for the Science of Self.* Penguin Books. page 3.

바라보게 한다. 하지만 이러한 사회적 믿음과 달리 우리의 정체성은 살아가는 동안 긍정적인 방향으로 반복적으로 변할 수 있다.

혼란은 우리의 정체성의 모든 구성 요소와 관련이 있을 수 있다. 사실 혼란은 우리의 정체성을 구성하는 하나 또는 여러 요소, 때로는 한 가지 요소 중 일부를 포함할 수 있다. 예를 들어 직업이 안정적이어도 신앙과 영성이 혼란한 상황을 겪고 있을 수 있다. 또는 직업적 자아는 확고하지만 아이를 출산한 후 육아와 관련된 정체성은 초기 단계에 머물러 있을 수도 있다. 둘 중 하나 또는 양쪽 모두 혼란을 겪을 수도 있다.

혼란은 성숙도, 중심성, 발달 단계에 관계없이 정체성의 모든 요소와 관련되어 있다. 가장 좋은 소식은 이 모든 상황에서 우리의 **정체성**은 살아가는 동안 여러 가지 긍정적인 방식으로 계속하여 반복적으로 변화할 능력을 갖고 있다는 사실이다.

전환보다 변화를 선호

우리는 혼란을 마주할 때 습관적으로 전환보다 변화를 추구한다. 이 습관은 어느 한쪽이 다른 한쪽보다 상대적으로 쉽다는 의미가 아니다. 변화는 불확실한 시기에 매력적인 피난처가 될 수 있지만 고된 일과 온갖 종류의 감정적 기복이 동반될 수 있다. 많은 사람이 그렇듯 아서는 이 사실을 알고 있었다. 그는 외출 횟수를 줄이는 등 상상할 수 없는 불확실성을 마주했을 때 안정을 되찾기 위한 변화를 통해 동일한 상태를 유지하려고 했다.

나도 아서처럼 무엇이라 이름 붙일 수 없는 개인적인 혼란의 경험을 해결하기 위해 변화에 변화를 거듭했다. 구직활동을 시작하고, 내가 사랑하던 몇 가지 사회봉사활동을 그만두는 등의 변화는 이름 없는 갈등을 해결하는 데 거의 도움이 되지 않았다. 결국 연속해서 변화에 실패한 이후 나는 **최후의 수단**으로 전환을 선택했다.

나도 비슷한 시기를 겪은 많은 사람처럼 변화를 추구함으로써 '옳은' 선택을 하고 있다고 생각했던 적이 있었음을 말하고 싶다. 하지만 아무런 효과가 없었다. 직원용 주차장에서 '차를 빌리는' 혼란을 겪은 후 약 1년 후 나는 생활비를 벌기 위해 컨설팅 프로젝트를 맡아 일하면서 본격적으로 새 직장을 찾기 시작했다. 그와 같은 식으로 약 2년 동안 구직활동을 계속했다. 하지만 내 관심을 끄는 직장은 없었다. 이유는 정확히 알 수 없었지만 늘 무언가가 부족했다. 관련 경험이 없거나 나와 맞는 팀과 일을 할 것 같아 보이지 않았다.

한계에 다다랐다는 생각이 들었을 때 나는 전 직장 동료인 필에게 도움을 요청했다. 필은 보스턴 벤처캐피털 업계에서 의심할 여지없는 거물이었다. 내 경력 대부분은 그 분야에서 쌓았기 때문에 나는 그가 새로운 직장에 대한 의견을 줄 수 있기를 바랐다.

필과 나는 보스턴의 유서 깊은 레스토랑 체인인 리걸 시푸드에서 점심을 먹기로 했다. 우리는 안내 데스크에서 멀지 않은 테이블에 앉았고 그 위에는 커다란 플라스틱 물고기가 매달려 있었다. 거의 6미터에 달하는 그 물고기는 마치 포획자로부터 벗어나기 위해 안간힘을 쓰며 수면 위를 뚫고 나오려는 듯 힘차게 호를 그리며 얼어 있었다.

나의 모든 신경은 그 물고기에 집중되었다. 오랫동안 기다려왔던 멋진 점심식사를 하는 중에도 천장에 매달려 있는 플라스틱 물고기에만 집중할 수 있었다. 물고기는 내 식사 상대의 왼쪽 어깨 바로 위에 매달려 있었다.

나는 대화에 집중하려고 애썼다. 10년 전이었다면 필과 점심을 먹기 위해 내 오른팔이라도 내놓았을 것이다. 당시 나는 보스턴의 혁신경제계에서 떠오르는 기업가였다. 그런데 지금은 멘토가 될 사람이 하는 말보다 플라스틱 물고기에 사로잡혀 있었다.

무엇이 잘못된 것일까? 만약 내가 핑계를 대고 자리를 뜬다면 그가 얼마나 불쾌해할지 내심 궁금해졌다. 정말 진심으로 일어서고 싶었지만 나는 끝까지 자리를 지켰다.

의자에 몸을 고정하고 일하면서 갈고닦아온 행동에 반사적으로 빠져들었다. 그 이후에는 아카데미상을 수상할 만한 연기력을 선보였다.

나는 그의 말을 이끌어내고, 그의 말을 경청하고, 활기 넘치게 행동했다. 그의 일에 관해 질문했고, 그가 몸담고 있는 업계부터 지역경제까지 다양한 주제에 대한 그의 관점을 물었다. 그를 한껏 띄워주고 그의 업적을 칭송했다. 나는 쾌활하게 행동했다.

이 대화와 비슷한 대화가 내 머릿속에서 펼쳐졌다.

필이 얼마나 게으른지 믿기 힘들 정도였다. 그는 대화를 위해 조금도 애쓰지 않았다. 후속 질문도 하지 않았고 자신의 말에 설명을 덧붙이지도 않았다. 놀라울 따름이었다. **진심으로.**

나는 그의 행동과 비슷한 상황에 있었던 예전의 내 행동을 비교할 수밖에 없다. 내가 필의 입장이었던 적은 수없이 많다. 손님을 대신하여 열심히 일하고, 사람들을 연결해주고, 나에게 해준 그들의 말에 깃든 꿈에 대해 엄청 궁금해한다.

필은 자신의 궤도에 완벽하게 빠져들어 있었다. 내 존재감은 전혀 찾아볼 수 없는 세상 안에.

이 생각에 미치자 나는 멈추게 되었다. 그는 나를 거의, 아니 전혀 보지 않고 있었다. 갑자기 궁금해졌다. '이 속임수에서 나는 어떤 역할을 하고 있는 것일까?' 더 급한 다른 생각이 들어서 이 질문은 나중으로 미루기로 했다.

나는 그와 아무런 연결고리를 느끼지 못했다. 더 놀라운 것은 그가 살고 있는 세계 어디에서도 내 모습을 찾아볼 수 없었다는 점이었다.

내 질문에 거들먹대며 계속 대답하는 그의 모습을 보며 내 마음은 점점 가라앉았다. 그가 더 넓은 비즈니스 커뮤니티를 대표하는 것은 아닌지 궁금했다. '그곳에서도 나는 보이지 않는 존재일까?'

그 질문이 결정적이었다. 지난 25년 동안 나는 이 세계에 철저하게 빠져 살아왔는데, 이제는 그곳에 내가 속해 있는지조차 의심스러웠다.

바로 그 순간 나는 어깨 위로 엄청난 무게감을 느끼며 휘청거릴 것 같았다. 무슨 일이 일어난 것인지는 모르겠지만 내가 찾는 대답은 이곳에 있지 않다는 확신이 들었다. 다른 선택지가 없었다. 나는 필과 나누고 있었던, 아니면 나누지 않고 있었던 그곳을 떠나야만 할 것 같았다.

나의 내면에서 벌어진 드라마는 종업원이 빈 그릇을 치우러 왔을 때 끼익 소리를 내며 멈추었다. 우리는 둘 다 커피를 사양했다. 내가 계산했고 우리는 자리에서 일어섰다.

작별인사를 나눈 후 나는 보일스톤가 보도까지 걸어갔다. 그러고는 계획했던 것보다 그곳에 오래 서 있었다. 혼란스러웠다. 사람들이 내 주위를 스쳐지나갔다.

그날 점심의 여파로 나는 이전에 경험해보지 못한 방식으로 혼자가 되었다. 나에게 무슨 일이 일어나고 있는지 전혀 이해하지 못한 채 나는 내가 오랫동안 속해 있었던 직업세계에서 강제로 밀려나고 있다는 생각을 확신하게 되었다. 나의 앞날은 완전 백지상태가 되었다. 이것 하나만 확신할 수 있었다. 마치 내가 내 인생을 찾고 있다는 생각이 들었다.

나는 운명의 장난처럼 익숙한 직업세계에서 벗어나 전환의 길에 들어섰다. 당시에는 지금 우리 모두가 사용하고 있는 **변화**와 **전환**을 표현하는 어휘와 이해가 부족했다. 하지만 그 단어가 없었어도 지금 당신에게로 나를 이끈 질문이 시작되었다는 점에서 그 순간에 감사하다.

또한 한 가지 중요한 오류를 인정하고 싶다. 나의 정체성을 다시 생각하도록 '강요'받았다는 생각은 틀렸다. 나는 필과의 점심식사 이후에 선택했다. 당시에는 설명할 어휘가 없었지만 나는 자기개념을 재검토하기로 선택한 것이다. 우리 모두는 자신의 진실에 가까이 다가갈 수 있는 기회를 제공하는 그러한 선택을 할 수 있다.

우리의 선택

우리가 게이트웨이 혼란이라는 고통스러운 상황에 처해 있을 때는 변화와 전환 중 하나를 고르는 것과 같은 중대한 개인적 선택은 말할 것도 없고 모든 선택이 불가능하다고 느낄 수 있다. 필과의 점심식사에서 경험했듯 어느 한 방향으로만 가야 한다고 강요받고 있다는 느낌을 받아서 아무 선택권이 없다고 믿게 될 수도 있다. 혼란에 대한 우리의 대응에서 선택의 중심 역할을 감안하여 나는 선택과 선택과의 관계에 대해 잠시 이야기해보려고 한다.

우리가 선택하는 방식의 패턴

우리 모두는 각기 다른 방식으로 선택에 도달한다. 어떤 사람은 양면으로 된 장부를 손에 들고 각 선택지의 장단점을 일목요연하게 따질 준비가 되어 있다. "어떻게 선택해야 하죠? 내가 무엇을 원하는지 잘 모르겠어요"라고 말할 정도로 선택이 불가능한 일이라고 생각하는 사람도 있다. 그 밖에 선택에 대한 인식이 전혀 없는 사람도 있다. 이러한 사람들에게는 인생에서 선택할 권한이 있는 순간이 전혀 없다.

나의 연구 결과 선택과 관련한 세 가지 주제가 지속적으로 나타났는데, 바로 익숙함의 부재, 선택과 위험의 동일시, 선택으로의 우연한 진입이다.

우리 중 다수는 선택에 **익숙**하지 않다. 쉰두 살의 교사 시드니는 자신의 선택에 대해 이렇게 말했다. "선택은 거의 해본 적이 없어요. 아버지는 늘 제가 교사가 되길 바라셨죠. 아버지는 대학에 가지 않으셨거든요. 제 인생을 거의 지휘하셨죠. 어렸을 적부터 항상 교사가 될 거라고 생각했어요." 시드니는 아버지를 향한 적개심이 거의 없었다. 그렇다고 해도 그 나이가 될 때까지 실생활에서 본인이 직접 선택해본 경험이 거의 없다는 사실은 알고 있었다.

어떤 사람은 선택이 **위험**하다고 생각한다. 스물아홉 살의 변호사 소날리는 선택하기가 불편하여 가능한 한 선택하는 일을 만들지 않기 위해 노력했다. 그녀는 선택에 대해 다음과 같이 설명했다. "저는 법을 선택한 후에는 추가로 선택하지 않아도 되어 변호사가 되었습니다. 일단 변호사가 되면 그 분야에서는 거의 모든 것이 정해져 있으니까요." 그녀는 어깨를 으쓱하곤 말을 이었다. "어쩌겠어요? 저는 선택을 잘 못 하거든요." 소날리는 한 가지 일에 기꺼이 전념한 덕분에 미래에 선택할 필요성을 없앴다. 그녀는 미래의 선택을 피해 정해진 정체성 뒤에 숨기로 결정했다.

마지막으로 선택과의 관계를 완전히 부정하고 삶에서 뜻밖의 **행운**을 받아들이는 사람들이 있다. 제이크를 예로 들어보자. 그는 가족과 그들의 안녕을 보장하는 자신의 역할에 깊이 연결되어 있었다. 그런데도 자신이 실직한 날의 이야기를 들려주며 나를 보고 악마처럼 웃었다. "집에 가서 아내에게 말했어요. '오늘 최고의 나쁜 소식을 들었어'라고." 직장을 잃은 운명의 장난은 새로운 직장을 찾을 활주로와 같은 기회, 즉 스스로 절대 선택하지 않을 기회를 허락했다.

선택과 우리의 관계는 옳고 그름에 대한 판단, 요구되는 최소 연령이나 경력 수준과 같은 조건을 포함한 다른 많은 범주와 쉽게 연결될 수 있다. 선택에 관한 우리의 관심은 범주에 관한 문제나 "X의 경우, Y를 하라"라는 식의 공식적인 관계를 정의하는 것이 아니다. 대신 우리가 하고자 하는 일은 당신과 선택의 관계에 대한 인식을 높이고, 그 새로운 관점을 통해 스스로에게 추가 질문을 던질 수 있도록 도움을 주려는 것이다.

리플렉션 : 당신의 선택

당신은 어떻게 선택하는가? 당신은 수십 년 동안 아버지의 바람대로 살다가 50대가 되어 처음으로 선택해야 했던, 평생 교직에 몸담은 시드니와 닮아 있을 수도 있다. 또는 미리 정해진 정체성을 단 한 번의 선택으로 정한 소날리의 모습과 비슷할 수도 있다. 당신의 선택에는 독립, 결혼, 입대, 입양 등이 포함되어 있을 수 있다.

'리플렉션'은 인생에서 내린 선택에 대한 인식을 높이고 '어떻게' 그러한 선택을 했는지 탐구하기 시작하는 데 도움을 준다. 우리는 여기서 판단하지 않을 것이고 하나의 '올바른' 선택 방법을 찾지도 않을 것이다.

'리플렉션'을 통해 늘 사람들이 중요한 놀라움을 발견하기 때문에 나는 이 부분을 가장 좋아한다.[4]

1단계 : 잠시 시간을 내어 인생에서 내린 중요한 선택을 적어보자. 첫 직장을 얻거나, 가정을 꾸리거나, 중요한 관계를 시작하거나, 독립했던 일 등 기념비적인 일을 포함해도 된다. 또는 배우자의 신념이라는 제약에서 벗어나기로 한 결심 등 명확하게 보이지 않는 선택도 괜찮다. 최소 세 가지 선택을 적어보자.

2단계 : 1단계에서 나열한 각 선택에 대해 당시 고려했던 다른 선택지도 적어보자. 기억이 나는 한 최대한 많이 적어보자.

예를 들어 "대학 진학을 선택할 때 나는 미대를 가거나 미국 서부에 있는 국립공원에서 일하는 것도 생각해보았다"라고 적을 수 있다.

3단계 : 이 선택의 역사를 어떻게 설명해야 할까? 다음 질문 예시를 활용하면 도움이 될 수 있다.

4 Shari Lewchanin and Luoise Zubrod, "Choices in Life: A Clinical Tool for Facilitating Midlife Review", *Journal of Adult Development* 8, no. 3 (2001).

- 과거에 선택했던 방식에 패턴이 있는가?
- 선택 방법에서 놀라운 점이 있었나?
- 훌륭했다고 생각되는 선택이 있는가? 그 이유는?

4단계 : 앞으로의 선택에 대해 자기 자신을 코칭할 기회가 있다고 상상해보자. 자신에게 뭐라고 말해주고 싶은가?

리플렉션을 행동으로 옮기기

마흔네 살의 시카고 출신 특수교육 교사 재스민은 포커스그룹에 모인 소그룹 사람들에게 큰 소리로 외쳤다. "늘 관계가 문제였습니다. 저는 관계를 위해 제 인생의 모든 결정을 내렸어요." 그의 목소리에는 승리감과 우려가 뒤섞여 있었다. '리플렉션'은 그녀가 처음으로 선택 패턴을 인식하는 데 도움을 주었다. 재스민은 스스로를 코칭하면서 약간 비꼬듯 이렇게 말했다. "다른 기준을 조금 추가할 때가 된 것 같아요."

재스민의 혼란은 혼자되신 아버지의 간병 문제를 놓고 성인이 된 형제자매와의 지속적인 논쟁과 관련되어 있었다. 아버지를 간병하기 위해 직장을 그만두어야 하는 것일까? 그녀의 관계는 시카고공립학교를 언제, 어떻게 떠나야 할지에 대한 결정에 영향을 미쳤다. 그녀는 오랫동안 새 직장 찾는 일을 미루어왔다. 그녀는 가족관계가 그 선택을 미루는 데 영향을 준 것은 아닌지 궁금했다. "저는 형제자매와의 관계 때문에 나 자신을 위해 내려야 할 결정을 미뤘어요." 재스민은 이렇게 고백했다. "이후에도 제 결정을 바꾸지는 않겠지만, 처음으로 **이유**를 묻기 시작했어요."

이러한 유형의 질문은 당신이 새로운 통찰력을 얻는 데 도움이 될 수 있다. 예를 들어 한 살배기 아들을 둔 고학력자 얼레인은 '리플렉션'을 통해 자신의 주요 선택 기준이 더이상 유효하지 않다는 사실을 깨달았다. 그녀는 급성장하는 사물인터넷 분야 전문 소프트웨어 회사에서 일했다. "저는 교육을 우선시하면서 자랐어요. 그래서 교육과 관련한 성취를 위해 가능한 한 높은 곳에 도달하려고 노력했죠." 안전이 입증된 가드레일이 수명을 다해가고 있었다. "그 생각이 어디까지 저를 더 끌고 갈 수 있을지 모르겠어요." 그녀는 말을 이어갔다. "이제는 '다음은 뭐지?'라고 묻는 단계에 이른 것 같아요." 얼레인은 자신이 이전에 세워둔 기준이 무너지고 있다는 사실을 깨닫기 시작했다. 기준이 더이상 유효하지 않다는 사실은 불안함을 주는 동시에 새롭고 중요한 일이었다.

선택 '리플렉션'이 별 도움이 되지 않는다는 사람들을 무시하고 싶지는 않다. 노스캐롤라이나에 있는 유명 제약 회사의 선임연구원 스테펀은 20년 동안 같은 회사에서 근무했다. 그는 '리플렉션'을 매우 어려워했다. 성인이 된 후 자신의 삶을 돌아보았지만 어떤 선택도 기억할 수 없었다. 그는 "여러 업무를 맡으면서 책임도 커지고 연봉도 올랐고 갖가지 일이 생겼지만, 갑자기 어느 순간 내가 어디에 위치하는지 사람들에게 말하기가 더 어려워졌다"라고 말했다.

그의 관찰은 단순하고 명료했다. "오래전 입사한 후로 선택할 일이 없었습니다. 직장이 필요했기 때문에 그곳에서 일했을 뿐입니다. 입사한 후로는 궤도에 올라섰고, 이후에는 어떤 선택도 하지 않았습니다. 선택이 저에게 주어졌을 뿐이죠." 스테펀의 선택 리플렉션은 비교적 빈약했지만 이를 통해 그는 선택과 자신의 관계에 대해 많이 배웠다.

당신의 선택 '리플렉션'은 당신에게 '정답'을 주지 않고 과거의 선택에 대해 판단하지도 않을 것이다. 대신 혼란에 대응하여 당신이 내린 선택과 관련한 행동에 대한 인식을 높여준다.

선택을 편하게 느끼는 수준이 혼란에 대응하는 방식에 중요한 역할을 한다. 당신의 정체성에 대한 믿음을 결정하는 가정을 재검토하는 것은 선택의 문제다. 자신을 위해 기꺼이 행동하고 그렇게 하기로 선택한 사람은 새로운 종류의 여정, 즉 긍정적이고 활기차며 인생을 바꾸는 과정을 시작하게 된다.

우리가 정말 선택하고 있는 것은 무엇인가?

변화와 전환은 혼란에 따른 다양한 선택을 의미한다. 변화는 자기개념을 재확인하고 변화 또는 변형을 추구하는 것을 포함한다.

전환을 통해 우리는 자기개념의 변화를 탐구한다. 전환은 무언가로부터 떠나거나 외면하는 것이 아니라 더 온전한 정체성을 향해 나아가는 것이다. 전환을 선택하면 우리는 중요한 무언가, 즉 자신을 활성화하게 된다. 전환은 마음대로 사용할 수 있는 가장 강력한 방법 중 하나인 우리 자신만의 대체할 수 없는 진실을 사용하도록 한다. 이 길을 선택할 수 있는 능력은 우리만이 갖고 있다. 아무도 우리에게 강요할 수 없다.

전환을 선택하면 우리는 우리의 정체성과 우리가 세상에서 갖는 의미에 관한 가정을 재검토하게 된다. 이 선택을 하면 우리가 알지는 못하지만 확실한 길을 따라가면서 자신의 역량을 더 많이 발휘하게 된다. 의지에 따라 전환을 선택하면 진실과 더 깊은 관계를 맺게 되고, 다른 사람들이 우리의 정체성에 대해 더 많이 보고, 듣고, 경험하게 된다. 이 모든 것에 더해 전환을 선택하면 삶에서 아주 중요한 무언가가 가능하게 된다. 즉 전환을 선택하면 혁신적 성장이 가능해진다.

3 성장 선택하기

혼란이라는 렌즈는 변화와 전환의 차이에 대한 이해에 도움을 주듯 우리에게 새로운 성장의 발판을 제공한다. 서른네 살의 오드리는 뉴저지 모리스타운에서 열린 행사가 끝난 후 나와 이야기를 나누러 왔을 때 이 점을 강조했다. 말을 꺼내는 그녀의 얼굴에는 어리둥절하지만 호기심 가득한 표정이 드러나 있었다.

"어렸을 때부터 군인이 되는 걸 꿈꿨어요. 그 꿈을 이루어 하사가 되었죠." 오드리는 6년간 복무한 후 해외 파견 근무중에 심장 박동 이상을 진단받았다. 그녀는 즉시 근무 부적합 판정을 받고 본국으로 귀환했다.

귀국 후 그녀는 건강상 변화를 받아들이기 위해 열심히 노력했지만 지독한 우울증에 시달렸다. 결국 그녀는 교원 자격증을 따기로 결심했다. 자격증 취득 후 오드리는 어느 정도의 정상생활을 회복하기 위해 애썼다.

"이 모든 일이 일어난 지 거의 10년이 지났어요." 그녀는 말을 이었다. "하지만 아직도 군대 밖의 저 자신에 대해 어떻게 생각해야 할지 모르겠어요. 이 모든 것이 **성장** 과정이라면 어떨까요?" 그녀의 목소리에 체념과 기대가 섞여 있었다.

이 장에서는 오드리의 질문에 대한 답을 찾고 게이트웨이 혼란의 결과로 전환을 선택한 사람들에게 어떤 유형의 성장을 경험할 수 있는지 분명히 이해해보려고 한다. 선택에 대해 우리가 이해한 내용을 다시 살펴보고 삶을 변화시키는 성장의 가능성을 시험해볼 것이다.

선택과 성장의 관계

전환을 선택하면 혁신적 성장이 가능해진다. 이러한 유형의 성장은 자기감을 형성해갈 때 기반이 되는 가정을 바꿀 때 일어난다. 예를 들어 오드리는 군에 입대하면서 자기정체성에 대한 신념을 굳혔을 수 있다. 하지만 막상 군대를 떠나게 되자 군대 밖에서 자기정체성을 받아들이기가 어려웠다. 혁신적 성장은 자기감을 바꾸고, 업데이트하고, 확장하려고 노력하는 과정인 동시에 이전에 자기정체성으로 표현했던 역할에도 관심을 기울인다. 이러한 유형의 성장은 혼란스럽고, 어렵고, 희망이 넘치고, 자신감을 불어넣는다.

혁신적 성장은 신념, 가치, 기대와 같은 정보를 우리가 자기개념[1]으로 전환하는 과정이다. 쉰세 살의 의사 보조사 캐럴은 캘리포니아 패서디나에서 나를 만나 커피를 마시며 자신의 성장 과정에 대한 이야기를 나누었다. "저는 지금 많이 달라졌어요. 저는 결국 저 자신에게 더욱 가까이 다가가고 제 목소리를 내는 것이 지닌 가치를 이해하는 지점에 도달했어요. 제 삶은 완전히 변했어요."

캐럴은 자신의 인생에 큰 변화가 있었던 해와 그에 따라 그녀가 선택한 전환에 대해 설명했다. "아이들과 삶에 집중했어요. 남편 루이스와는 젊은 나이에 결혼했어요. 결혼생활은 생각했던 대로 잘 풀리지 않았어요." 잠시 말을 멈춘 그녀는 지극히 개인적인 무언가를 공유한다는 마음의 무게를 느끼는 것 같았다. "갑자기 차 사고로 남편이 죽었어요." 그녀와 대학생이었던 세 아들은 깊은 슬픔에 잠겼다.

"루이스의 죽음으로 제 선택의 토대를 다지게 된 셈이에요. 남편이 죽지 않았다면 제 신념을 재검토할 필요성을 깨닫지 못했을 거예요." 이러한 인식은 캐럴의 성장을 촉발했다.

"루이스의 죽음은 물론 가슴 아픈 일이었지만, 저에게 혼란을 불러일

1 '신념', '가치', '기대'라는 용어는 마샤 백스터 머골다Marcia Baxter Magolda 교수의 2009년 저서 『당신의 삶의 저자가 되기Authoring Your Life』에서 광범위하게 사용되었다. 대학생을 대상으로 그들이 어떤 발전 단계를 진행해가는지에 대한 그녀의 획기적인 종적 연구는 1986년에 시작되었으며 수십 년 동안 이어졌다. 그녀는 오하이오주 마이애미대학 명예교수며 성인기의 발전 진행에 관해 광범위하게 저술활동을 펼쳤다. 또한 로버트 키건Robert Kegan과 리사 러스코 레이히Lisa Laskow Lahey처럼 혁신적 성장을 개인이 자아에 대한 정의와 기대치를 설정하는 기능으로 바라보는 다른 유명 학자들과도 함께 연구했다. 그들의 여러 연구는 2009년 출간된 『변화에 대한 내성Immunity to Change』에 가장 잘 요약되어 있다.

으키지는 않았어요. 제 주변 사람들은 그렇게 생각했을 거예요. 혼란을 경험한 건 1년 후 큰아들이 대학을 졸업하면서 취업을 고려할 무렵이었어요. 부모 역할을 완전히 바꿔야 했어요." 예상하지 못한 변화였다.

"가족은 가까운 곳에 살아야 한다는 제가 갖고 있던 오래된 가정이 흔들렸어요." 캐럴은 아들이 이사를 고려하던 시점에 자신의 오랜 신념을 어떻게 적용하려고 했는지 설명했다. "새로운 신념에 따르려면 이전보다 더욱 솔직해져야 했어요. 이사한다고 해서 아들과의 관계를 망칠 수는 없었어요. 남편을 잃은 상실감을 겪었기에 더욱 그랬죠."

캐럴의 경험처럼 혁신적 성장은 우리가 갖고 있던 정체성의 가정을 인식할 때 시작된다. 그렇다고 인식 자체를 성장이라고 할 수는 없다. 성장하려면 다음 단계로 넘어서야 한다. 앞으로 책에서 다루게 될 이 단계들은 우리가 갖고 있는 신념·가치·기대를 재검토하고, 개선하고, 어쩌면 그것들로부터 해방되라고까지 요구할 뿐 아니라 새로운 신념, 가치, 시대를 만들어 그에 맞추어 살아갈 방법을 배우라고 한다. 그러한 성장은 창조 행위이며 우리 자신의 목소리를 내는 과정이다.[2] 이 과정을 통해 중요한 것, 즉 우리에게 가치와 의미를 지닌 것에 기반한 새로운 자기개념을 얻게 된다.

자기개념을 전환하면 일생 동안 쌓아가는 수많은 역할을 근본적으로 새로운 방식으로 맡게 한다. 성인 대부분은 "마치 숫자에 맞추어 색

2 1982년에 발간된 캐럴 길리건Carol Gilligan의 저서 『다른 목소리로In a Different Voice』에서는 혁신적 성장을 이전에 분리되어 있던 개인의 목소리를 인식하게 하는 행위로 단정한다.

깔을 칠해가듯 우리에게 투영된 이야기, 바람, 사고방식의 윤곽선 안에서 자신을 만들어가는 것처럼"[3] 초기 자기개념을 형성한다. 나는 작가 수 몽크 키드Sue Monk Kidd가 자신이 겪은 변화의 여정을 표현한 이 비유를 좋아한다. 어떤 사람들은 선 안에서 자기개념을 형성하는 일을 인생 전체로 확장하여 안락함, 모험, 안전을 만들어낼 수 있다. 반면 캐럴의 경우처럼 같은 선이 간격을 인식하게 하고, 심지어 단절과 무감각으로 이어질 수도 있다. 외부에서 전해진 자기개념이 제한적인 것으로 드러나면 혁신적 성장은 타인이 투영한 자기개념을 지우고 우리에게 가치와 의미를 지닌 자기개념을 재창조하는 데 도움이 된다. 이러한 변화는 생기 넘치고, 자유롭고, 낙관적이며, 업데이트된 자기정의로 이어진다.

설명도

나는 혁신적 성장을 구불구불한 길을 따라 걸으며 안경을 반복하여 바꾸어 끼는 것과 비슷하다고 생각한다. 새 안경의 렌즈 소재가 매번 다른 정보라고 상상해보자. 어떤 정보는 외부에서 오고, 다른 정보는 우리 마음 가까이에 있다.

이 비유대로라면 길 자체를 부분적으로 생각할 수 있다. 길 앞쪽에서

3 이 참고 자료는 『반체체 인사 딸의 춤: 기독교 전통에서 신성한 여성으로*The Dance of the Dissident Daughter: A Woman's Journey from Christian Tradition to the Sacred Feminine*』(2016, HarperOne)에 연대순으로 기록된 수 몽크 키드의 혁신적 성장에 관한 흥미진진한 이야기에서 발췌했다. 9쪽과 55쪽을 참고했다.

는 우리가 고른 모든 안경에 외부 영향을 받은 렌즈가 끼워져 있다. 길 중간쯤에서는 우리 내면으로부터 생겨나거나 스스로 정의한 정보로 만든 렌즈를 사용할 수 있다. 길 끝 쪽에서는 한 개인을 넘어 자기개념을 모든 존재와 조화를 이루고 그들에게 유익할 수 있는 신념, 가치, 기대로 만들어진 렌즈를 안경에 끼운다.

혁신적 성장을 통해 우리는 그 길을 따라 발전하고, 그 과정에서 새롭고 대안적인 영향으로부터 정체성에 유익을 얻을 수 있다.

사례 연구

마거릿의 이야기는 이러한 발전 과정을 잘 보여준다. 그녀는 유타주 솔트레이크시티 외곽에 있는 워새치산맥 기슭에 있는 깔끔한 산장으로 나를 초대했다. 마거릿이 코로나19 팬데믹으로 인해 예상치 못하게 조기 은퇴하게 되면서 어떻게 해야 할지 고민하고 있었기에 우리 모두를 알고 있는 친구가 중간에서 연결해준 터였다.

마거릿이 이야기를 시작하는데, 실직에 대해서는 이야기할 생각이 거의 없어 보여서 당황스러웠다. 시작하면서 나는 그녀에게 그녀가 겪은 변화에 대해 이야기해달라고 요청했다.

"변화에는 분명 고통이 따르고, 상처를 입기도 하고, 슬프기도 하고, 무언가 동반되기 마련이죠. 많은 것과 이별을 고해야 해요. 앞으로 벌어질 거라고 예상했던 일과 이별하는 일이죠. 따라서 예상했던 일과 기대를 넘어서야 해요. 하지만 그 선택의 반대편에는 멋지고 새로운 세상이 펼쳐지죠." 그녀는 잠시 말을 멈추었다가 다시 이었다. "힘들지만 가치 있는 일이에요."

외부에서 정의된 렌즈를 통해 살펴보기

"저는 굉장히 불우한 가정에서 자랐어요." 마거릿이 이야기를 시작했다. "알콜중독. 학대하는 아버지. 신체적 폭력." 그녀는 어렸을 때 받았던 영향의 무게를 이야기하면서 말끝을 흐렸다.

"저는 군인 가족이었어요. 어렸을 때는 2년에 한 번씩 이사를 다녔죠." 그녀는 일곱 남매 중 맏딸이었다. "다음 동네로 이사갔을 때 아이들이 저를 좋아하게 될지 알 수 없었어요." 그녀는 담담하게 말을 이어갔다. "집에서 나가고 싶은 생각뿐이었어요. 열여덟 살이 되었을 때 독립해서 열아홉 살에 결혼했죠." 그녀의 굳은 결심에도 불구하고 결혼생활은 계획대로 되지 않았다.

"그렇게 복잡할 필요가 없는 일이었어요." 그녀는 부드럽게 말을 이어갔다. "저 때문에 남편은 불행했고, 남편 때문에 저도 불행했죠." 인생이 그처럼 단순했다면 좋았으련만. "저는 가톨릭 신자로 자라서 이혼은 상상할 수조차 없었어요. 남편을 떠날 이유가 없었죠." 잠시 침묵이 흐르다가 이야기는 계속되었다. "**불행**했겠다고요? 그런 걸 생각할 여유조차 없었어요."

마거릿의 이야기는 성인기 초기의 전형적인 특징을 보여주었는데, 이 시기에는 주변 사람들의 정의와 기대를 수용하여 자기개념을 형성한다. 외부로부터 받는 이러한 영향에는 가족, 직업, 종교, 거주 지역 사회, 연인, 친구, 재학중인 학교, 인종, 성별, 젠더, 그 밖에도 여러 가지가 있을 수 있다. 성장의 초기 단계에서는 주변 사람으로부터 비판 없이, 그리고 보통 자신도 모르게 받아들인 가치관과 신념을 바탕으로 자기개념을 형성한다.

마거릿이 불행한 결혼생활을 이해하기 위해 노력하고 있을 때 충격적인 사건이 그녀의 가족을 덮쳤다. 그녀의 둘째 오빠 존이 스키 사고로 사망했던 것이다. 당시 마거릿은 스물네 살이었다. 그녀는 우리가 이야기하고 있는 장소에서 그리 멀지 않은 곳에서 스키 사고가 났었다고 나에게 털어놓았다. "존은 자석과 같은 매력이 있었어요. 모두가 존을 사랑했죠. 친절하고 우리 중에 제일 똑똑했어요."

그녀는 우리가 앉아 있던 소파에서 일어나 선반 위에 놓인 아름다운 은색 거울을 가져왔다. 얇은 케이스에 접어서 보관하도록 접을 수 있는 작은 거울이었다. "존이 쓰던 거예요." 그녀가 손을 내밀어 나에게 거울을 건네주었다. 닫힌 상태의 거울은 내 손바닥에 쏙 들어왔다. "어렸을 때 어디에 살든 이 거울이 존의 책상에 있었어요."

스스로 정의한 렌즈를 통해 살펴보기

"존이 죽은 후에 저는 모든 것에 의문을 품기 시작했어요." 자리에 다시 앉은 마거릿이 말했다. "그때 사촌에게 이렇게 말했던 기억이 있어요. '언제까지 이렇게 아플까?'" 마거릿이 느낀 고통은 존의 죽음과 연관되어 있었을 뿐 아니라 스스로에게 묻기 시작한 질문과도 관련이 있었다.

"존이 죽었을 때 저는 자존감이 전혀 없었어요. 너무 두려웠죠. 스스로 아무것도 할 수 없다고 믿고 있었어요."

마거릿의 인식이 성장하면서 그녀는 한 걸음씩 내디디기 시작했다. 그녀는 '힘든 과정'이었다고 회상했다. 마거릿은 풀타임으로 일하면서 밤에는 학교를 다시 다녔다.

"처음에 수업을 듣는데, 어렵지 않았어요. 제가 잘하는 거라고는 생각하지 못했어요. 그냥 어렵지 않은 수업이라고만 여겼어요." 마거릿은 그것이 전부가 아니라는 사실을 깨달았다. "늘 '넌 별로 영리하지 않아'라는 말을 듣고 살았어요." 그녀는 담담하게 말했다. "이후 수업에서도 좋은 점수를 받으면서 제가 할 수 있다는 사실에 그저 놀라웠죠."

"계속 한 걸음씩 나아갔어요. 열심히 했죠. 그러다가 제가 남편보다 잘할 수 있다는 걸 알게 되었죠. 시간이 지나면서 우리 관계에서 더 책임감 있는 사람은 저라는 것과 저에게 문제가 없다는 것을 깨달았어요. 저는 멍청한 사람이 아니었어요." 그녀는 학위를 받기까지 10년이 걸렸다.

"그다지 똑똑하지 않다는 말을 평생 듣고 자란 사람이 대학을 졸업한다는 것은 대단한 일이었어요." 그녀는 조용히 말을 이었다. "졸업하고 얼마 지나지 않아 서른네 살에 결혼생활이 끝났어요. 오래전에 예견된 일이었죠. 남편이 집을 나갔을 때 엄청나게 무거운 짐을 벗어던진 것 같았어요."

마거릿이 경험했던 것처럼 혁신적 성장은 일련의 반복적인 단계로 일어난다. 이러한 단계의 꾸준한 특성은 행동을 변화시켜 성장을 가속화한다. 전체적으로 이러한 단계를 통해 우리는 다른 사람들이 우리에게 투영한 신념, 가치, 기대를 통해 자신을 아는 대신 자신의 목소리를 통해 자신에 대해 알 수 있게 된다.

자기정의를 **자기몰두**와 비슷하게 해석하지 말라고 경고하고 싶다. 마거릿이 그랬듯 자신이 정의한 정체성을 통해 행동할 때 우리는 다른 사람과의 관계를 재구성하여 보다 더 진실해지고 진정한 자신을 반영하게 된다.

나는 마거릿에게 자신의 목소리를 낸다는 것이 어떤 느낌이었는지 물어보았다. "처음에는 느리긴 했지만 아무것도 나를 방해하지 않을 거라는 믿음이 생기기 시작했어요."

새로운 방식으로 다른 사람들을 바라보기

코로나19 팬데믹 초기에 예상치 못하게 실직하게 된 마거릿은 다른 선택을 하게 되었다. 성장에 대한 이전의 긍정적인 경험 덕분에 그녀의 결심은 확고했다. “저는 계속 성장하고 싶어요. 아직은 은퇴할 준비가 안 되었어요.”

그렇다고 해도 그녀는 어떻게 나아가야 할지 확신이 서지 않았다. “무엇을 하고 싶은지 모르겠어요.” 마거릿은 이유를 알 수 없다는 듯 말했다. “이 모든 일에서 놀라운 사실은 직업과는 아무 관련이 없다는 점이에요. 문제는 형제자매들과의 관계에 있어요.” 자기가 한 말에 놀란 듯 그녀는 잠시 말을 멈추었다. “**이 문제**가 걸릴 줄은 몰랐어요.” 마거릿은 수년 전부터 가족 모두를 돌보는 자기 역할의 일환으로 동생과 올케를 재정적으로 도와주고 있었다.

“가장 놀라운 점은 제 정체성 중에서 이 부분에 대해 의문을 갖는 일이 얼마나 고통스럽고 달갑지 않았는지 깨달았다는 거예요.” 마거릿은 조심스럽게 말을 이어갔다. “모두를 책임지지 않고는 제가 누구인지 알 수 없었어요. 물론 그 부분을 완전히 버리지는 않겠지만, 선을 어디쯤 그어야 할지 알아내야 해요.”

마거릿의 커져가는 인식은 형제자매와의 관계를 넘어섰다. “지역사회에는 저의 관심을 끄는 무언가가 있어요.” 마거릿은 형제자매와의 문제를 해결하는 동시에 새로운 방향을 실험하기 시작했다. “아직은 이렇게 하는 게 무슨 의미인지 모르겠어요. 지금은 재향군인센터에서 봉사하고 있는데, 어렸을 때 기지에서 살았던 시절이 생각나요.” 이 말을 하는 그녀의 얼굴에는 미소가 가득했다.

“모두가 항상 서로를 도왔어요. 가을에는 토요일마다 스노우 타이어

여단이 모였던 기억이 나요. 기지 전체가 모여서 모든 사람의 스노우 타이어를 전시했어요. 특히 가족이 파병된 장병들의 스노우 타이어는 빠지지 않았죠. 우리는 모두를 돌봤어요."

마거릿의 성장은 자신의 목소리에 대한 인식이 확대되고 다른 사람들과의 관계가 늘어나는 형태로 나타났다. 그녀와 비슷한 방식으로 성장하는 사람들은 스스로 정의한 신념을 넘어 더 많은 집단적 신념과 통합함으로써 정체성에 대한 기대를 설정하고 정의하는 방법을 배운다. 마거릿은 현대심리학의 창시자 윌리엄 제임스William James가 1800년대 후반에 탐구하기 시작한 성장의 특징을 경험하고 있었다. 윌리엄 제임스는 이 선택의 단계에 대해 이렇게 말했다. "우리는 자신보다 더 큰 무언가와 결합하고 그 결합 속에서 가장 큰 평화를 찾는다."[4]

성장 받아들이기

혁신적 성장은 불확실성을 견딜 수 있는 능력을 크게 향상시킨다. 이 길에 들어서면 외부 영향에 주로 의존하던 자기개념을 넘어서기 때문에 예상하지 못한 우여곡절에도 덜 민감하게 반응한다. 자기개념이 내면에 보다 확고히 자리잡게 되면 자기정체성과의 관계가 깊어지고 불안정한 시대를 헤쳐나갈 능력이 강화된다.

4 Scott Barry Kaufman. 2020. *Transcend: The New Science of Self-Actualization*. TarcherPerigee. page 233. 매슬로의 연구에 대한 코프먼 교수의 신중한 검토와 현대적 해석.

나는 마거릿에게 성장에 대해 마지막으로 한마디 해줄 수 있냐고 물었다. "저 자신에 대해 많이 배웠어요." 그녀는 당당히 대답하고 말을 이어갔다. "이루어질 거라고 생각했던 꿈과 과감히 작별하고 **새로운** 꿈을 향해 나아가야 합니다." 마거릿은 잠시 말을 멈추더니 활짝 웃으며 이렇게 말을 마쳤다. "정말 멋진 일이 펼쳐질 거예요."

더 가까이

성장은 전환을 기꺼이 선택하고 변화의 여정을 시작하려는 사람들에게 엄청난 가치를 준다. 혁신적 성장에는 '유형'이 존재하지 않는다. 실직과 관련한 혼란을 경험한다고 해서 한 가지 유형의 여정에 나서고, 아기를 또 출산하게 되면서 생기는 혼란으로 다른 유형의 여정에 들어서는 것이 아니다. 변화의 과정은 선택하기 전 상황과 관계없이 동일하다.

혁신적 성장을 통해 우리는 자신의 목소리를 약화하거나 무시하는 신념과 행동을 잊는다. 이 단계를 통해 우리는 스스로에게 한계를 정하는 이야기로부터 거리를 두게 된다. 예를 들어 마거릿은 자신에게 '영리하지' 않다고 하는 말에 저항하기 시작했다. 그녀는 어릴 적부터 들어왔던 이 이야기의 잘못된 본질을 알게 되었을 때 비슷한 경험을 한 우리 중 많은 사람이 그랬듯 놀라움을 금치 못했다.

우리의 목소리는 성장의 반복적인 특성 때문에 힘을 얻는다. 단 한 번 내디딘 걸음만으로는 자신감에 불이 붙거나 자기인식이 높아지지 않는다. 우리의 인생관과 행동을 변화시키는 것은 진실에 더 가까이 가기 위해 한 걸음, 또 한 걸음 내디디는 역동성에 있다. 마거릿은 이렇게 말했다. "저는 계속 한 걸음씩 나아갔어요."

혁신적 성장을 통해 우리는 진실에 더 가까이 다가서게 되고 우리에게 가치와 의미가 있는 것과 일치하는 삶을 살게 된다. 다음 장에서는 혁신적 성장에 필요한 단계를 살펴보고 이러한 방식으로 성장하는 모든 사람에게 주어지는 선물에 대해 알아볼 것이다. 우선은 게이트웨이 혼란을 통해 우리 자신과 더 깊은 친밀감을 갖는 선택을 할 수 있다는 점에 명심하자.

리플렉션 : 당신의 성장

변화의 여정을 시작해본 적이 있는가? 지금 시작할 준비가 되어 있는가?

1단계 : 성장의 길에 들어선 적이 있는가? 성장에 대한 경험을 써보자.

2단계 : 1단계에서 나열한 경험 중 혁신적이었다고 생각하는 경험에 동그라미를 쳐보자.

혁신적 성장이란 신념, 가치, 기대와 같은 정보를 변화시켜 자기개념을 구축해가는 과정이라는 점을 기억하자.

3단계 : 혁신적 성장을 경험하는 느낌은 어땠는가? 인생의 다른 성장 경험과 달랐는가?

리플렉션을 행동으로 옮기기

서른여덟 살의 저스틴은 자신의 연구소를 운영하겠다는 꿈을 갖고 생명공학 전공으로 대학에 입학했다. 그럼에도 불구하고 그녀는 자신의 성장 스토리를 가슴 아프게 시작했다. "저는 항상 제가 제 꿈을 이룰 만큼 훌륭하지 않다고 생각했어요. 자신감도 늘 부족했죠. 이제는 준비가 된 것 같아요."

저스틴은 12년 동안 집 밖에서 일해본 적이 없었다. "대학에서 열심히 공부했고, 로스앤젤레스 지역에 있는 유명한 연구소에서 인턴을 했어요. 너무 두려웠어요. 불안감 때문에 제 꿈을 좇을 수가 없었어요. 그러다가 공립학교에서 과학을 가르치는 좋은 직업을 갖게 되었죠. 하지만 만족스럽지 않았고 그 일이 정말 싫었어요."

"저에게는 지금이 성장할 시기예요." 저스틴은 확신에 차서 이야기했다. "스스로 부족하다고 생각하고 자신감을 갖지 못하면서 나 자신은 물론 남조차도 인정하기 힘든 무력함을 느끼게 되었어요." 저스틴은 남편이 실직하는 바람에 재취업을 해야 하는 처지가 된 덕분에 내 연구에 참여하게 되었다. "한편으로는 남편이 실직해서 다행이라고 생각해요. 남편은 코로나19 팬데믹이 시작되기 6개월 전에 실직했고, 그 일로 저는 중심을 잃고 휘청거렸어요. 남편의 직업 문제보다 더 큰 문제가 있었어요. 때가 된 거였죠. 저에 대한 문제였어요."

저스틴의 결심은 확고했지만 그녀가 겪었던 엄청난 감정적 변화는 떨칠 수 없었다. "너무 무섭고 스트레스가 심해요. 어떤 날은 신입사원 자리를 찾고 있는 제 모습이 너무 부끄러워요. 제 동기들은 이제 채용 관리자가 되었으니까요! 그 부분은 당황스러움을 넘어 부끄럽기까지 했어요." 저스틴은 급박한 재정 상황 때문에 구직에 더 열중했지만 공과금을 납부하는 것 이상의 의미가 있음을 알았다. "앞으로 어떻게 될지는 잘 모르겠지만, 시도해보지 않으면 저 자신을 견딜 수 없을 것 같아요."

저스틴은 자신의 목적 때문에 혁신적 성장의 길에 들어서게 되었고 그 길을 선택한 사람에게 주는 비교할 수 없는 선물을 받게 되었다.

강력한 인식

저스틴은 불확실성을 향해 한 걸음 내딛는 용기 있는 선택을 했다. 그러한 선택을 한 사람은 그 길에서 반복적으로 자신만의 방식을 만들어 가면서 성장이 주는 혜택을 누리게 된다. 그 길을 선택한 사람들은 그 과정 내내 계속해서 선물을 받게 된다. 혁신적 성장이 주는 혜택은 미래 어느 시점에 결승선을 통과하기 전까지 멈추지 않는다. 선물 중 하나인 검증은 새로운 자기개념을 꿈꾸고 만들어내는 동안 중요한 역할을 한다. 여정에서 그러한 확신을 경험했다는 점에서 나는 굉장히 운이 좋았다.

필과 점심식사를 마치고 일에 대한 단절감을 경험한 후 나는 마흔여덟 살에 변화의 여정을 시작했다. 20대 초반 이후 처음으로 직업과 관련하여 백지상태가 되었다. 나는 몸부림치고 있었다. 하루는 구직활동을 했고 그다음날은 세상을 변화시키는 꿈을 꾸었다. 내가 어디로 가고 있는지 모르겠다는 것만 유일하게 확신할 수 있었다. 5개년 계획도, 중요한 목표도 없었다. 나는 스스로가 무지한 상태에 있을 수 있게 내버려두었다. 그리고 계획의 필요성을 역설하는 주변 사람들의 말을 무시하기 위해 노력하고 또 노력하는 동시에 불확실성에 맞서며 호기심을 자극했다.

수업을 들었던 마거릿과 마찬가지로 나도 관심 있는 분야로 첫발을 내디뎠다. 우선 내 여정을 기록하기 위해 블로그를 만들었다. 블로그 글쓰기가 정말 재미있었지만 곧 독자를 위해 풍부하고 의미 있는 글을 쓰려면 내 이야기 외에 경험을 추가해야겠다는 생각이 들었다. 그 생각으로 1장에서 언급했던 첫번째 포커스그룹을 만들었다. 그것이 나의 첫걸음이었고, 마지막 걸음이 아니었다.

한 걸음을 내디디고, 거기에서 배우고, 더 크게 한 걸음을 내디디고, 또다시 배우고, 그보다 더 크게 한 걸음을 내디디고, 다시 거기서 배웠다. 옳다고 생각되는 방향으로 계속 방향을 돌려 다음 걸음을 내디뎠다. 처음에는 작은 걸음으로, 그다음에는 점점 더 큰 걸음을 떼었다. 중요한 질문을 스스로에게 던지며 3년 동안 그렇게 반복했다. 다음에는 무엇이 있을지 알 수 있었던 적은 단 한 번도 없었다. 이렇게 한 걸음씩 다가가는 과정에서 추진력을 얻었다. 그래서 첫 책에 대한 제안서를 제출했다가 거절당했을 때도 나는 흔들리지 않았다. 제안서를 곧바로 다른 출판사에 보냈고 출간이 성사되었다.

이러한 반복적인 걸음과 질문이 결합되어 멈출 수 없는 무언가가 만들어졌다. 그것은 새로운 방식으로 내가 **나 자신**과 연결하는 데 도움이 되었다. 자신감이 생겼고, 이전에 어렴풋이 보였던 개인 능력이 드러났다. 이 여정은 자유롭고, 활기차고, 마법과도 같았다. 이 과정에서 직업적 정체성도 재구성되었다. 개인이나 단체의 혁신에 대한 전문가가 되었고 강연, 워크숍 계획, 팟캐스트 진행, 컨설팅, 추가 연구 등을 수행했다. 놀랍게도 새롭게 집중한 일은 대학을 졸업한 이후 거의 지속적으로 해왔던 비즈니스 혁신 작업과도 연결되어 있었다.

또다른 것도 있었다. 새롭게 업데이트된 나의 자기개념에서 가치를 발견한 사람들을 만났다. 내가 주최했던 글로벌 웨비나webinar(web과 seminar가 합쳐진 말로 온라인으로 진행되는 세미나를 의미한다—옮긴이)에 참석했던 워싱턴 시애틀 출신의 마흔두 살의 10대 쌍둥이 엄마 케이틀린이 보낸 쪽지를 받고 이러한 확신을 처음 갖게 되었던 순간을 생생히 기억한다.

조금 전 웨비나에 참석했는데, 어떻게 감사를 드려야 할지 모르겠어요. 당신의 세션이 제가 말로 표현하고 싶었던 생각을 확인시켜주어서 눈물이 날 정도였어요. 이제는 흥분, 두려움, 의기소침한 감정을 한꺼번에 느껴도 된다고 '허락'을 받은 것 같아요. 저는 결혼, 죽음, 이혼, 불임, 유산, 출산, 갑작스러운 질병 등 인생에서 아주 많은 중요한 일을 겪었어요. 하지만 이 모든 일은 직업적인 권태로움과 7주 전에 겪었던 실직만큼 혼란스럽지 않았어요. 당신의 세션을 듣고 나니 제가 지난 7주 동안만 변화를 겪고 있었던 것이 아니라는 사실을 알게 되었어요. 2년 전 제 개인적 가치관이 주위 사람들의 가치관과 근본적으로 다르다는 것을 깨달았을 때 이미 변화가 시작되었어요.

제가 미친 것이 아니라는 말을 들은 것 같아 정말 감사해요. 지금 제가 어떤 상황인지 정확히 말씀해주셨어요. 압도당하고, 불확실하고, 불안하고, 동시에 흥분된 상태예요. 이 성장의 단계가 정상적이고 적절하다고 말씀해주셔서 감사해요.

케이틀린 덕분에 나는 내 여정에 대해 새로운 것을 볼 수 있었다. 다른 사람들이 새롭게 발전한 내 모습에서 가치를 발견한 것이다. 이 점을 분명히 해두고 싶다. 이 성장 단계에서 우리는 다른 사람에게서 자기정의를 찾는 것이 아니라 우리가 스스로를 마음속에 그리는 새로운 방식을 확인할 뿐이다. 이러한 피드백 자료가 없으면 우리의 성장은 흔들릴 수 있다. 케이틀린은 내가 심오한 사실을 깨닫는 데도 도움을 주었다. 다른 사람들이 자신의 본모습과 더 가까워질 수 있는 공간을 만드는 일을 내가 좋아한다는 깨달음이었다.

이러한 승리에도 불구하고 내 여정은 끝나는 것과는 거리가 멀었다.

계속 나아갈 수 있다는 자신감이 있었지만 마술처럼 목적지를 마음에 두고 있었기 때문은 아니었다. 나에게는 더 강력한 무언가가 있었다. 내 진실과 닿아 있는 새롭게 확장된 연결고리가 생겼다.

새로운 대화

우리가 선택한 전환은 우리가 자기감을 구성하는 신념을 업데이트하도록 이끄는 단계별 과정인 혁신적 성장을 가능하게 한다. 이러한 성장은 우리가 종종 무의식적으로 주위 사람이나 환경으로부터 받아들이는 신념과 기대 대신 **우리에게** 가치와 의미가 있는 자기개념에 기반을 두도록 이끌어준다. 성장은 우리에게 자신에 대해 새로운 질문을 던지라고 알려준다. 일단 그 길에 들어서면 우리는 자신과 세상을 다르게 받아들이는 방법을 배운다.

혁신적 성장이 주는 가장 심오한 선물은 우리를 자기정체성에 더 깊이 연결하게 해주는 능력이다. 이 과정을 진행하면서 우리는 자신의 목소리에 더욱 일관되게 의지하는 법을 배운다. 우리는 불확실성을 견딜 수 있는 능력을 키우고 우리의 역량을 더 많이 활용한다. 그리고 모르는 것을 편안하게 느끼는 수준이 확대된다.

혁신은 우리 자신과의 새로운 대화가 본격적으로 시작되는 것을 의미한다.

2부

무대 설정

4 저항과 마주하기

저항과 마주하는 것은 혼란에 관한 논의에서 중요한 순간이다. 사실 내가 할 수 있는 일이라고는 축하를 위해 색종이 분사기를 꺼내거나 당신이 가장 좋아하는 음악에 관해 묻지 않는 것뿐이다. 혁신적 성장을 탐험하기로 한 당신의 결정은 그 정도의 축하를 받을 자격이 있다는 데 동의하기를 바란다. 그러나 이미 알다시피 저항에 부딪히지 않고 전환을 선택하는 것은 불가능하다.

쉰다섯 살의 암 생존자 아리아는 정체성을 재해석하려고 기울였던 자신의 노력에 대해 편안하게 말해주었다. 그녀의 이야기는 저항을 완벽하게 요약해주었다. "10년 동안 같은 조직에서 일하고, 22년 동안 같은 집에서 살고, 33년 동안 한 남자와 함께했으니 이젠 준비됐어요!" 아리아는 말을 이어갔다. "나 자신의 두려움과 불안감만 극복할 수 있으면 돼요!" 많은 사람이 그렇듯 아리아는 자신의 앞을 가로막아 의도한 대로 진행하기 어렵게 만드는 힘이 있다는 사실을 알고 있었다.

이 장에서는 성장하고자 하는 우리의 선택을 방해하는 감정에 초점을 맞출 것이다. 감정에 대한 우리의 인식과 감정이 우리에게 미치는 영향력을 높이는 데 중점을 두려고 한다. 이 탐구 과정은 앞으로 살펴볼 내용, 즉 우리가 성장하면서 우리에게 불리하게 작용하려는 감정을 구성하는 방법에 관한 소중한 선구자 역할을 할 것이다.

또한 이 장에서는 감정을 우리의 정체성과 더 깊은 관계를 구축하는 길의 필수적인 부분으로 재배치하는 것을 목표로 한다. 우리의 감정은 성공의 장애물이 아니라 조언자 역할을 할 수 있다.

저항이란 무엇인가?

저항은 우리가 원하는 방향으로 나아가는 데 방해되는 모든 것을 말한다. 감정적·신체적·생리적·정력적·인지적 저항 등 다양한 형태가 있을 수 있다. 또한 다양한 방식으로 나타날 수 있다. 비협조적인 배우자, 가치 없다는 느낌, 신체적 또는 발달적 한계, 자기의심, 시간 부족, 갑작스러운 성공, 유해한 근무 환경, 자격 부족, 경제적 의무, 불행한 어린 시절의 경험, 불안, 두려움, 심신을 약화하는 허리 통증, 무기력함, 지루함, 수면 부족, 혼자 있는 시간 부족 등.

우리는 저항을 인식할 수 있지만 이는 좀더 은밀한 방식으로 작용할 수 있다. 수년 동안 꿈꾸어왔던 사업가가 된 마흔네 살의 변호사 제임스를 생각해보자. 그는 사업을 시작한 지 한 달 만에 극심한 허리 통증에 시달렸다. 그는 이 신체적 어려움 때문에 원래 계획한 목표를 이룰 수 없게 되었다. 제임스는 그 통증을 자각하고 있었지만 그것이 자신이 익숙했던 존재 방식에서 분리되려는 저항의 증상이라고까지는 생각하지 못했다. 그러한 인식이 없다면 저항은 우리가 아무리 간절히 앞으로 나아가고자 해도 제자리에 머물게 할 수 있다.

저항은 대단히 개인적이며 변화의 여정 중에 언제든 나타날 수 있다. 예를 들어 혼란을 겪은 후 전환 선택 여부를 고려할 때 처음으로 저항에 직면할 수 있다. 또한 변화의 여정 초기에 정체성에 대한 오랜 기대에서 벗어나려고 할 때도 저항에 부딪힐 수 있다. 새로운 자기표현을 만들고 다듬어가는 과정에서 저항이 생길 수도 있다. 저항과의 지속적인 관계는 일반적으로 알려진 믿음과는 정반대다.

많은 사람은 저항을 극복해야 할 장애물로 생각한다. 우리는 저항을 뿌리 뽑기 위해 노력하며 그때까지 다른 활동은 미루어두는 경우가 많다. 이러한 식으로 우리는 충분히 열심히, 충분히 똑똑하게, 충분히 오래 노력했거나 충분히 많은 돈을 모아 '저항 없는 지역Risk-Free-Zone, RFZ'에 도달할 미래에 있을 어느 순간을 꿈꾼다.

이러한 말은 하고 싶지 않지만 RFZ는 존재하지 않는다. 저항은 두더지 잡기 게임과 같아서 한 가지 형태의 저항을 해결하고 나면 곧바로 다른 종류의 저항이 나타난다. 여러 해 동안 스트레스를 받아온 이웃이 마침내 세번째 자녀 대학 등록금까지 전부 지불했음을 알렸다고 생각해 보자. 그녀의 행복은 곧 연로하신 아버지의 폭발적인 의료비와 마주하게 된다. 하지만 저항의 끈질긴 특성 덕분에 우리는 그러한 저항에 대처할 수 있는 다른 방법을 생각하게 된다.

우리의 목표는 저항을 제거하거나 극복하거나 무시하는 것이 아니라 저항이 존재하는 가운데 성공하는 방법을 배우는 것이다. 새로운 시각으로 바라본다면 저항은 앞으로 나아가는 여정에서 놀라울 정도로 중요한 역할을 할 수 있다.

저항으로서의 감정

감정적 저항은 분노나 두려움과 같은 감정이 우리가 원하는 방향으로 나아가는 데 방해될 때 일어나는 반대의 한 형태다. 우리는 '감정'이라는 단어를 우리의 경험의 일부인 느낌, 감각, 반응, 감정을 통틀어 가리키는 말로 사용한다. 감정적 저항은 완벽주의로 나타날 때나 불안감으로 나타날 때 강력하고, 일반적이며, 그만큼 영향력이 있다.

여기서 감정은 삶을 유지하기 위해 가장 기본적인 수준에서 만들어진 반응의 집합이다. 우리는 두려움, 분노, 놀라움, 혐오, 행복, 슬픔을 비롯한 주요한 감정을 알고 있다.[1] 또한 당혹감, 죄책감, 질투, 자부심, 긴장감, 불안, 수치심, 후회, 자기의심, 안도감, 고립감 등을 포함한 다양한 다른 반응도 감정으로 알고 있다. 나는 신경과학자 안토니오 다마지오 Antonio Damasio의 감정에 대한 정의를 늘 좋아했다. "감정은 뇌에서 유발되어 몸이라는 극장에서 펼쳐진다."[2]

다음은 우리가 저항을 경험할 때 흔히 느끼는 감정 목록이다(그림 4.1).[3] 어떤 감정이 당신에게 익숙한가?

메인주 슈퍼마켓 점장 예순한 살의 데니스는 성장의 길을 찾던 중에 자신이 경험했던 삶에 대한 감정적 저항 이야기를 꺼냈다.

"내가 나 자신이 아니라면 나는 누구일까요?" 데니스는 최근에 겪은 혼란에 관해 이야기하면서 물었다. 그녀의 고용주인 전국 대형 슈퍼마켓 체인이 구조 조정을 단행하는 바람에 데니스는 일자리를 잃었다. 그녀의 목소리는 거칠었고 말투는 직설적이었다.

"충격에서 헤어나오지 못했어요. 제가 구조 조정 대상이 될 줄 몰랐어요. 그곳에서 20년을 일했어요. 충격 그 자체였죠."

나는 데니스에게 그녀의 감정을 설명해달라고 했다. "불안함으로 가득해요. 그러니까 정말 무서워요! 여기에 모든 감정이 있어요. 내가 가치가 없는 사람이라는 생각이 들고 불안해요." 그녀는 숨을 몰아쉬더니 이어서 말했다. "내 정체성에 대한 의문 때문에 무서워 죽을 것 같아요."

1 Antonio Damasio. 1999. *The Feeling of What Happens: Body and Emotion in the Making of Consciousness*. Harcourt Brace & Co. page 50-51.

2 Ibid. Page 8.

3 호프만 인스티튜트 재단에서 파생. Tara Parker-Pope. "First, Try to Identify and Name That Emotion." *New York Times*, May 25, 2021.

후회되는
고갈된
스트레스받는
무력한
흥미로워하는
머뭇거리는
기진맥진한
짜증나는
불안정한
참을성 없는
긍정적인
격노한
겸손한
감사하는
불만족스러운
불안함을 받아들이는
매우 기쁜
신나는
열정적인
무관심한
황홀해하는
허망한
내성적인
재미있는
새로워진
수치스러운
불안해하는
걱정하는
버거운
집중한
평화로운
차분한
당황스러운
피곤한
사랑스러운
변덕스러운
행복한
안전한
억울한
분노한
체념한
희망적인
축복받은
감사하는
두려운
까칠한
고립된
애정어린
자유로운
고무된
우울한
화가 난
신뢰가 가는
불확실한
성취감을 느끼는
지루한
당면한
주저하는
편안한
분노한
약한
지친
감동받은
번아웃
동요된
가만있지 못하는
투덜대는
갇힌
의심스러운
혼란스러운
상쾌한
매료된
가치 있는
무기력한

그림 4.1 공통된 감정

"제가 통제하고 있다는 느낌이 들지 않아요. 어쩐지 굉장히 감정적인 부분을 건드린 것 같아요." 데니스는 실직을 8년 전 사별하면서 자신이 경험한 슬픔, 애통함과 곧바로 연결했다. 그녀의 남편은 췌장암으로 짧게 투병하다가 세상을 떠났다. "남편을 다시 잃은 듯한 느낌이에요. 정말 무서운 일이죠. 그 공허함 속으로 발을 들여놓는 일이란."

걷잡을 수 없는 감정에도 불구하고 성장만이 데니스가 고려하는 유일한 선택이었다. "전에는 두려움에 굴복한 적이 없어요." 데니스는 이 점을 분명히 했다. "이제 와서 왜 두려워하겠어요?"

데니스는 중요한 선택을 했다. 성장을 선택했다고 해서 그녀가 경험했던 아주 실질적인 저항은 없애지 못했다. 하지만 저항이 자신을 멈출 수 없다는 그녀의 결심은 확고했다.

우리 여정에 닥친 저항

데니스가 알고 있었듯 감정적 저항은 자기개념을 혁신하는 여정에서 강력한 동반자가 될 수 있다. 세 아이를 키우는 40대 후반의 아버지 러시드는 해고를 당한 직후와 정체성을 재구성하는 과정에서 자신이 감정의 바다에 빠져 계속 제자리걸음하고 있음을 깨달았다.

"솔직히 지난 2년 6개월 동안 엄청나게 스트레스를 받았어요. 우리 부서가 다른 부서와 통합됐는데, 일이 잘 풀리지 않았어요. 부서원들은 계속해서 재배치됐죠. 모든 것이 최우선 과제였어요. 누구도 성공할 수 없는 일이었죠. 그래서 퇴사하게 돼서 기뻤죠."

나는 러시드에게 감축 대상이 되었을 때 어떤 기분이었냐고 물었다. "오해하지 마세요. 충격은 받았죠. '세상에, 이런 일이 나한테 일어났다고?'라는 생각이 들었어요." 그는 느리지만 꾸준히 성장하면서 18년 동안 회사에서 일했다. "물론 잘 알고 있었어요. 저희 아버지도 23년 동안 이곳 실리콘밸리에 있는 대형 기술 회사에서 예순한 살에 해고되셨어요. 하지만 마흔여섯 살인 제가 해고당할 줄은 몰랐어요." 그의 목소리에서 예상하지 못한 반전에 대한 놀라움이 묻어났다.

"해고당했을 때 정말 마음 편하게 집으로 돌아왔어요. 제가 오랫동안 하고 싶었던 일을 할 수 있는 기회임을 바로 알았죠. 바로 다음날 오전 9시에 해안 관리 분야에 어떤 기회가 있는지 조사하기 시작했어요. 제 안에 다시 열정이 불타올랐어요. 아주 신나는 일이었고, 저를 움직이게 만들었죠." 러시드는 예상하지 못한 실직이었지만 해고를 기회로 삼았다.

하지만 첫날의 패기는 재빨리 사그라졌다. "좋은 날도 있고, 나쁜 날도 있었는데, 솔직히 말하면 그 상황이 지속됐어요."

나는 그 기간 동안 그가 더 자주 느꼈던 감정에 대해 물었다. "두려움이요." 러시드는 1초의 망설임도 없이 그렇게 대답했다. "제 두려움은 모두 경제적인 문제와 관련이 있었어요. 우리 가족은 운이 좋았어요. 항상 맞벌이 전략을 갖고 있었고, 예산을 세웠어요. 몰랐던 사실이지만, 기본적으로 한 명만 벌어도 살 수 있었죠. 아주 단순한 삶을 살고 있었고, 무모한 일도 하지 않았으니까요. 우리가 이렇게 외벌이로도 살 수 있다는 것을 깨달았죠." 한편으로는 사실상 단기적인 재정적 위험이 없다는 것을 알고 있었지만 두려움을 떨쳐버릴 수는 없었다.

러시드의 두려움은 재정적 걱정으로 표현되었지만 내 연구에 참여한 다른 사람들은 다른 방식으로 두려움을 경험했다. 연구 결과로 얻은 다음 차트는 우리가 성장하면서 두려움이 나타나는 몇 가지 추가적인 방식을 강조하여 보여준다(그림 4.2).

러시드는 두려움 외에도 반사적으로 자신의 감정 경험에 의미를 부여했다. 예를 들어 슬픔을 느낄 때 우리는 슬픔의 경험에 "나한테 뭔가 문제가 있는 게 분명해"라는 식의 생각을 덧붙인다. 이 행동은 우리 중 많은 사람에게 공통적으로 나타나는 자기제한적 반사 반응이다.

"최악인 날에는 '내가 뭐 하고 있는 거지? 가족을 부양하지 못하고 있잖아'라는 생각이 들었어요." 그는 계속 이어서 말했다. "혼잣말이 해로운 지경까지 이런 주기가 반복됐어요. '그래, 나는 마흔여섯이야. 애 셋에 강아지 한 마리, 대출금, 정말 열심히 일하는 아내가 있어. 뭘 하고 있는 거야? 내가 무책임한 건가?' 때로는 '제발 직장을 구해. 어떤 직장이든, 직장을 구해'라는 생각을 했어요."

러시드는 내 쪽으로 가까이 다가와 허스키한 목소리로 말했다. "저는 이 모든 감정이 뒤섞여 있는 큰 사건에 직면해 있어요. 긍정적으로 생각하려고 노력하지만, 힘들어요."

나는 러시드에게 그가 말한 어려움의 예를 들어달라고 요청했다. "'내

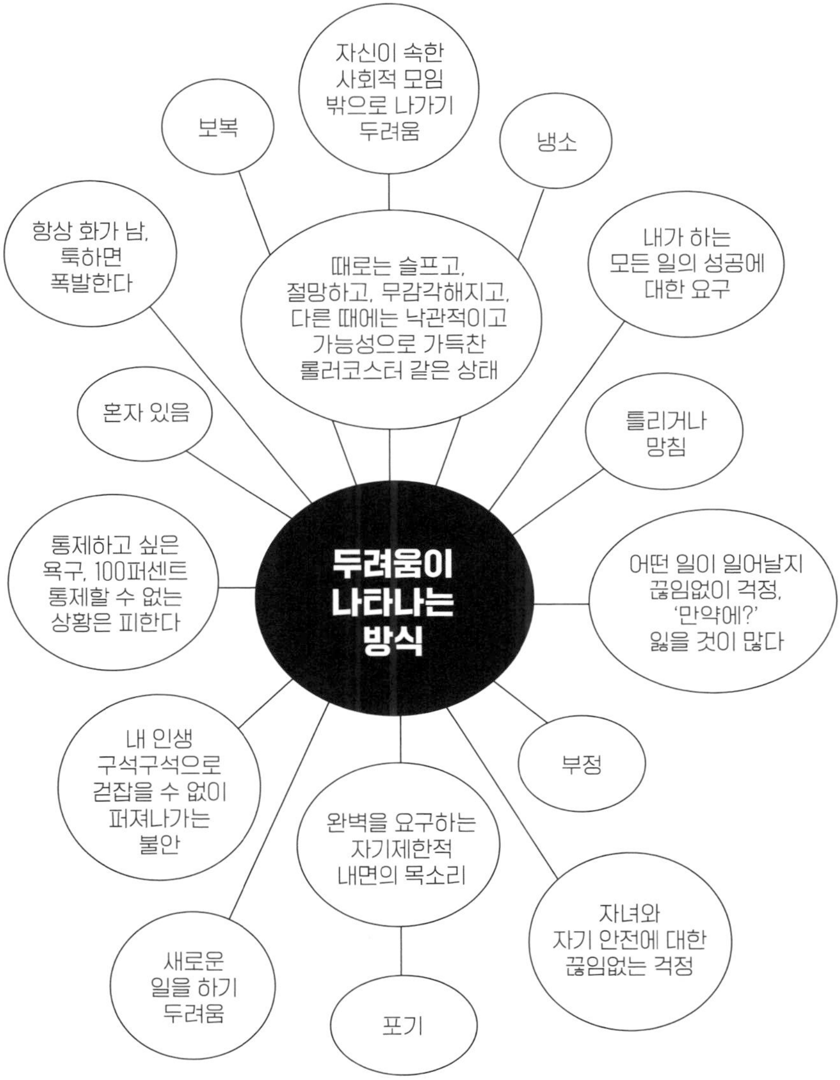

그림 4.2 두려움이 나타나는 방식

가 이걸 할 수 있을까? 내가 이걸 해야 할까?'라는 생각이 듭니다. 이 일이 어려운 이유는 그런 관점을 갖고 내 결정에 대해 생각해보면 어두운 곳으로 갈 수 있어서죠. 힘들 거라는 건 알고 있었지만, 기복이 심하면 좌절하게 될 수도 있어요."

러시드는 그 과정 동안 계속해서 아들 한 명당 한 팀씩 세 개의 축구팀 코치를 맡았다. 쉽지 않은 일이었다. 그는 자신의 결정에 대해 대중들에게 평가받는다는 느낌을 받았다. "학부모들이 모두 운동장 반대편에서 제 얘기를 하고 있다는 걸 알고 있었어요." 타인들의 비판적 시선에서 느껴지는 스트레스가 그의 말에 고스란히 드러났다. "사람들이 저를 '하자품'으로 바라봤습니다. '내가 실패했나? 내가 왜 이 단계에서 경력을 다시 시작할 수 있다고 생각했을까?'라고 생각할 수밖에 없었어요. 그러다가 다시 '내 문제가 뭐지?'라는 생각이 들었습니다."

러시드는 이러한 감정에 정교하게 의미를 부여했다. "저에게는 집과 가족이 있었고, 그에 딸린 모든 것이 있었는데, 해고당했죠. 자신감을 잃기 시작했어요."

"가장 힘들었던 일은 자책하지 않는 것이었어요. 겉으로는 당신이 긍정적인 사람이기를 모두가 바라는 것처럼 보이지만, 모든 일이 그렇게 순탄하지는 않았어요. 사람들에게 설명하기 어려운 일이었죠. 감정이 뒤죽박죽 섞여 있었어요. 부끄러운 부분도 있었고요."

어떤 형태로든 감정은 러시드의 변함없는 동반자였다. "포기하면 절대 이루어지지 않으리라는 걸 압니다. 끈질기게 노력해야겠지만, 생각했던 것보다 훨씬 어려운 일이에요."

러시드가 직접 경험했듯 감정은 성장에 근본적인 역할을 한다. 감정을 해결하지 않으면 우리는 그 감정에 이끌려간다. 하지만 우리는 감정에 대한 경험을 재구성할 수 있으며 이를 통해 우리의 여정에 지식과 추진력을 더할 수 있다.

감정과 성장

감정은 우리가 경험하는 혼란과 성장에서 중요한 역할을 하지만 우리는 감정이 기여하는 바를 쉽게 오해할 수 있다. 지구상의 모든 사람은 러시드가 그랬던 것처럼 불확실한 시기에 경험한 감정 목록을 공유할 수 있다. 우리가 놓칠 수 있는 것은 감정이 성장에 미치는 영향이다.

감정은 우리가 자기정체성에 대한 익숙한 표현이 주는 안정감에서 의도적으로 벗어날 때 우리를 안전하게 도와주기 위해 동원된다. 러시드는 18년간 일구어온 직업적 정체성에서 벗어나면서 돈에 대한 두려움과 싸웠다. 사실상 단기적으로 재정적 위험이 없다는 사실을 이성적으로 알면서도 두려움을 떨쳐버릴 수 없었다. 감정은 우리가 의도한 바와 반대 방향으로 나타날 수 있다.

나는 항상 이러한 유형의 반응을 우리가 자기정체성에 대한 익숙한 표현에서 벗어나 성장의 길을 걸을 때 "확실해?"라고 물어보는 신중한 친구 역할을 하는 감정이라고 생각한다. 감정은 이러한 식의 역할을 할 때 주의를 산만하게 하고, 일어나고 있는 일에 대한 이해를 왜곡하며, 우회로로 가게 하고, 앞으로 나아가려는 능력을 방해하기도 한다.

앞서 말했듯 우리는 감정의 존재에 반사적으로 의미를 부여하여 감정과 반대되는 효과를 더한다. 러시드는 우리가 대화하는 동안 이러한 유형의 행동을 "내 문제가 뭐지?", "저를 하자품으로 바라봤습니다" 등의 말로 표현했다.

사회는 우리에게 더 진실한 감정을 덮어씌워 좀더 선호하는 감정에 이르도록 가르치는 방식으로 이러한 계략을 돕는다. 가령 사회적 압력은 우리가 두려움 대신 행복과 같은 감정에 마음이 기울게 한다. 물론 많은 사람이 진심으로 행복을 경험하지만 만약 우리가 이미 정해진 '바람직한' 감정을 위해 우리의 감정을 덮어쓰는 경우 우리는 감정적 우회에 의존한다고 말한다.[4] 자녀들이 성장하여 집이 텅 빈 이웃이 얼마나 슬픈지 이야기하다가 잠시 후에 "이런 감정을 느끼면 안 된다는 걸 알아요"라고 스스로를 다잡는 경우를 생각해보자. 감정적 우회는 저항의 한 형태로 시간이 지남에 따라 우리 자신의 감정을 불신하도록 가르친다.

감정은 우리가 요청하면 우리의 발전에 추진력과 명확성을 더할 준비가 되어 있다. 슬픔과 같은 감정은 성장의 길로 나아갈 때 6월 저녁의 반딧불처럼 자연스럽게 나타날 수 있다는 점을 명심하자. 슬픔은 우리가 현명한 선택을 하기를 바라며 우리를 보호하고 있다.

4 Joanne Cacciatore. 2017. *Bearing the Unbearable: Love, Loss, and the Heartbreaking Path of Grief.* Wisdom Publications. page 54-58.

리플렉션 : 저항에 이름 붙이기

감정적 저항을 마주한 적이 있는가? 이 장의 리플렉션에서는 당신이 정체성을 재구성하려고 할 때 어떤 형태의 감정이든 인식하기를 바란다. 당신이 경험한 감정에 대한 판단이나 옳고 그른 정답은 없다. 우리의 목표는 당신이 느끼는 감정에 단순히 이름을 붙이려는 것뿐이다.

1단계 : 인생에서 성장했던 때를 생각해보자. 당시에 어떤 감정을 느꼈는가?

주의할 점 : 여기서는 경험에서 발생한 느낌, 반응, 감각, 감정을 지칭하기 위해 '감정'이라는 단어를 사용한다.

2단계 : 앞에서 열거한 감정은 당신에게 어떤 영향을 미쳤는가?

리플렉션을 행동으로 옮기기

로스앤젤레스 출신 서른여덟 살의 그래픽 아티스트 완다는 이혼 과정에 대해 이야기할 때 큰 충격을 받은 모습이었다. 우리는 로스앤젤레스에 있는 러니언캐니언 기슭에 있는 작은 커피숍에서 만났다.

완다는 자신의 감정에 이름을 붙이는 일이 얼마나 쉬운지 깨닫고 놀랐다. "저는 무력해지고, 가치가 없고, 무너진 것 같아요. 앞으로 어떻게 해야 할지 모르겠어요." 그녀의 남편은 결혼 17년 만에 집을 나갔다. 그는 아내에게 다른 남자와 사랑에 빠졌다고 털어놓았다. "혼란스러웠어요. 화가 났죠. 이런 일이 우리에게 일어나고 있다는 사실을 믿을 수 없어요. 저한테 말이에요." 그녀는 고개를 돌렸다가 다시 나에게 시선을 돌렸다. "정말 할말이 없어요. 제가 알고 있다고 생각했던 모든 것이 틀렸어요. 부서질 것 같아요. 이렇게 외로웠던 적이 없었어요." 그녀는 잠시 말을 멈추었다가 고개를 저으며 덧붙여 말했다. "어떻게 이걸 몰랐지?"

완다는 영향력에 대한 질문에 대답하는 데 조금 더 힘들어했다. "오랫동안 일이 잘 풀리지 않았어요. 제가 물러났죠. 그냥 그렇게 했어요. 가족들로부터, 친구들로부터 물러났어요. 그게 저항인지는 모르겠지만 창피했어요. '내 말이 맞잖아'라는 말이 제 머릿속에서 계속 맴돌았어요. 무슨 말인지는 모르겠어요. 하지만 뭔가 이상하다는 건 늘 알고 있었어요. 제 직감을 무시했던 거죠. 그저 상황이 나아지기를 바라면서 계속 나아갔던 것 같아요."

완다는 한참 동안 침묵하다가 입술을 악문 채 조용히 말을 내뱉었다. "어떻게 직감을 이렇게 오래 무시할 수 있었을까?"

장벽 넘어서기

우리가 감정을 인지하고 감정이 미치는 영향을 고려하는 방법을 배우고 나면 6장에서 배우게 될 기술인 감정을 재구성하는 중요한 작업으로 넘어갈 수 있다. 재구성은 익숙한 무언가에 새로운 생각을 불어넣는 것이다. 재구성은 감정 경험을 바꾸는 데 도움이 되기 때문에 성공적인 성장에 필수적이다. 또한 감정을 재구성하면 우리 자신에 대한 중요한 새로운 질문을 할 수 있다.

감정적 저항과 관련한 나의 이야기는 이러한 재구성의 유용성에 대한 단서를 제공한다.

"이제 작가가 되셨으니 본인의 경력에 대해 어떻게 다르게 생각하시나요?" 뉴욕에서 열렸던 '작가와의 만남' 행사에서 한 여성이 첫번째로 던진 질문이었다. 나는 하버드 경영대학원 여성 동문회 지역 지부에서 강연하던 중이었다. 대부분의 행사에서 그렇듯 내가 준비한 발언이 끝나자 청중의 질문이 쏟아졌다.

그녀의 질문을 듣자마자 갑자기 눈가에 눈물이 맺혔다. "여기서?" "지금?" "지금 장난해?" 나는 내 자신에게 훈계하듯 말했다. 나는 터져나오는 눈물을 참으려고 애썼다.

"지금 하신 질문이 어떤 면에서는 저에게 재미있게 들립니다." 나는 내 눈물을 아무도 보지 못했기를 바라며 대답했다. "저 자신을 설명할 때 '작가'라는 단어를 써본 적이 없거든요." 이 행사의 제목을 생각하면 내 대답이 굉장히 아이러니하게 들렸으리라는 것을 안다.

나에게는 그 순간에 일어나고 있는 일을 깊이 생각할 만한 여유가 없었다. 100명의 청중이 나를 바라보고 앉아 그들의 질문에 대답해주기를 기다리고 있었다.

1시간 후에 혼자만의 시간이 생겼다. 아름답게 빛나는 무대 뒤에서 코트를 입으려다가 문득 궁금해졌다. "왜 눈물이 났을까?"

쉽게 답이 나오지 않았다. 장소가 문제였을까? 청중들과 함께 있어서? 눈물을 흘렸다는 사실이 부끄러웠다. 여기 있는 사람들은 동료들이다. 그렇지 않은가? 지금껏 한 번도 무대에서 눈물을 흘린 적이 없었다. 이러한 생각은 곧바로 놀라운 질문으로 이어졌다.

'작가가 되기 위해 나는 어떤 권리를 갖고 있는가? 세상에.' 갑자기 이 질문이 떠올랐고 마음이 쓰렸다. 나는 대형 출판사가 출간한 책을 썼다. 그렇다면 나는 작가가 아닌가? 작가라는 말이 내가 차지할 권리가 있는 그 공간보다 훨씬 고귀하게 느껴졌다.

이러한 생각을 하고 있던 차에 갑자기 수치심이 마음속에 떠올랐다. 수치심은 내 평생의 친구였다.

수치심에 대해 나 자신에게 질문하면 망설임 없이 내 기억은 오래전 한 부분으로 되돌아갔다. 나는 가정에서 열심히 일해야 한다고 배우며 자랐지만 친절하거나 격려하는 말은 들어본 적이 없었다.

"문제 일으키지 마라!" 이 말이 내가 들었던 말 중 그나마 나를 가장 지지해주는 말이었다. 이 말에는 많은 뜻이 담겨 있다. 네 속마음을 말하지 마라, 다른 사람들 눈에 띄지 마라, 관심 끌지 마라, 하지 마라, 하지 마라, 하지 마라.

그 기억 때문에 나는 그 무대에서, 또는 어떤 무대에서든 내 존재를 내 정체성이나 생각에 대한 반항의 행동이라고 여겼다. 그때 그 눈물은 이상하게 들리겠지만 승리의 하이파이브였지 않았을까?

엘리베이터를 타고 건물 앞 보도로 내려가면서 이 생각에 살짝 미소를 지었다. 유감스럽게도 어린 시절 나는 매일 집에서 풍파를 일으켰다. 나는 늘 문제를 일으켜왔다. 그 눈물은 어렸을 때 배웠던 그 숨 막히는 반대에 대한 작별인사였을까?

나는 이 새로운 생각을 마음에 담아두었다. 재구성한 수치심에 대한 나의 인식은 더 멀리까지 확산되었다. 나 자신과 내 목소리를 계속해서 사용할 수 있다는 믿음이 생기면서 더이상 수치심에 사로잡히지 않았다. 수치심은 더이상 나를 방해하지 않고 내가 가는 길을 단단하게 다져주었다. 나는 작가로서 승리했다. "내 문제가 뭐지?"라고 묻는 대신 나의 새로운 인식은 이렇게 질문하게 했다. "다음에는 뭐지?"

감정 갖고 살기

감정은 우리의 성장 여정에서 중요한 역할을 한다. 감정은 우리가 자기정체성에 대한 익숙한 표현을 넘어 성장하는 과정에서 우리를 안전하게 지켜주기도 하지만 내가 무대에서 작가로서 보인 반응, 즉 어린 시절 가정에서 배운 수치심에 반대되는 반항적인 하이파이브와 같은 중요한 역할을 하기도 한다. 이러한 단서들은 우리의 여정에 명확성과 추진력을 더할 수 있다.

감정의 가치 중 일부는 감정 앞에서 우리가 스스로에게 던지는 질문의 형태로 나타난다. 이러한 질문에 대한 답변의 정확성은 알 수 없지만 질문 자체는 매우 귀중하다. 이 질문들은 우리 자신을 보다 완전하게 이해하는 길로 나아갈 수 있게 해준다.

새로운 질문은 익숙한 것을 새로운 시각으로 볼 수 있게 해준다. 수치심에 관한 나의 질문은 완다가 그랬던 것처럼 무어라고 딱 집어 말할 수 없었던, 오랫동안 끓어오르던 갈등을 재해석하는 데 도움을 주었다. 새로운 질문은 잃어버렸던 연결고리 역할을 했다.

자기감에 대한 의문이 해결되기 몇 년 전 어느 크리스마스에 나는 시댁에서 선물을 받았다. 지난해 여름에 달리기를 하고 돌아와 찍은 우리 부부의 사진이 들어 있는 가로 20센티미터, 세로 25센티미터의 액자였다.

나는 시어머니가 나에게 선물을 건네며 하신 말씀을 잊을 수 없다. "제일 잘 나온 사진으로 골랐어."

포장을 뜯자마자 속으로 이렇게 생각했다. '장난치시는 건가?' 사진 속에는 나와 남편이 나란히 서 있었다. 그 사진의 가장 큰 특징이 무엇인지 어떻게 설명해야 할지 모를 정도였다.

나는 눈을 감고 있었다. 정확히 말하면 웃느라 중간에 눈이 감긴 사진이 아니었다. 카메라를 정확히 응시하고 있었고 눈만 감겨 있었다. 휴지통에 들어갈 만한 사진이었다.

내가 약간 무례하게 반응했던 기억이 난다. "저는 눈을 감고 있는데요."

내 말 한마디에 남편이 액자 속 사진을 더 자세히 들여다보았다. 그러더니 나를 향해 말했다. "린, 무슨 소리야? 정말 멋진 사진인데."

남편의 말에 나는 그대로 굳어버렸다.

감정은 자기정체성에 대한 익숙한 표현에서 벗어나 스스로를 이해할 때 우리를 안전하게 지키는 역할을 한다. 이 보호막은 우리로 하여금 우회로로 돌아가게 하거나 전혀 앞으로 나아가지 못하게 할 가능성이 있으므로 문제가 될 수 있다. 우리는 이러한 감정을 재구성하는 방법을 배우게 될 것이며, 이는 혼란에 대한 우리의 반응을 바꾸는 중요한 단계이자 우리 모두의 내면에 그대로 저장되어 있는 잠재력을 실현하는 데 한 걸음 다가서는 일일 것이다.

5 자신을 바꾸기

"이걸 어떻게 해야 하나요?" 대가족을 이끌어온 쉰두 살의 주부 아이린은 이렇게 물었다.

아이린은 중대한 변화를 겪고 있거나 생각하고 있는 사람들을 위해 내가 주최한 비공식 오찬 모임에 모인 12명의 여성 중 한 명이었다.

아이린은 이러한 변화의 여정이 흥미롭기는 했지만 자신에게는 무리한 일이라고 느껴졌다. "저는 지켜야 할 게 너무 많아요." 그녀는 주위를 둘러보며 사람들이 자신의 말을 이해하는지 살폈다. 아이린은 좋은 사람들과 함께 있었다. 모임에 있던 사람들은 그들에게 더 많은 무언가가 있다는 생각에 안정성을 위태롭게 했을 때 어떤 결과가 초래되는지 잘 알고 있었다.

이 장에서는 특히 저항을 넘어 더 많은 것을 우리 삶의 책임감 속에 불어넣는 방법을 소개한다. 새롭게 구성된 자아, 즉 우리에게 가치와 의미를 가진 것과의 관계를 확대함에 따라 형성되는 자아를 만들고 받아들이는 과정을 시작할 것이다. 우리는 우리를 제자리에 머물게 하는 감정을 재구성할 것이다. 이 과정을 통해 자신의 목소리에 맞추어 예전과는 다른 방식으로 더 자유롭고 활기차게 살아가는 방법을 배우게 될 것이다.

혁신의 길을 추구함으로써 우리는 세상을 다르게 맞이하는 방법을 발견한다. 이 길은 혼란의 초대를 수락하는 모든 사람에게 열려 있다. 이 길에서 우리는 빛을 밝히고 노력하지도 않아도 빛나는 방법을 배우게 된다.

새로운 자기정의를 향하여

전환은 혁신을 자기감으로 바꾸고 새로운 자기개념을 개발하게 한다. 나는 전환의 지형을 탐색할 때 도움이 될 수 있는 '인큐베이터'라는 방법을 만들었다. 인큐베이터는 자기개념의 혁신을 촉진할 뿐 아니라 자기정의 변화에 대한 우리의 감정적 반응을 통해 우리에게 도움을 주는 체계로서 작동하는 네 가지 개별 방법으로 구성되어 있다. 이 네 가지 방법은 '기대 재설정', '정체성 재구성', '관계 복원', '감정 재구성'이다. 마지막 '감정 재구성'을 통해 우리는 Honor(존중), Ask(질문), Influence(영향), Learn(배움)의 머리글자로 만든 HAIL이라는 약어를 행동 촉발제로 사용하여 감정적 반응을 개인의 변화로 탈바꿈한다.

나는 지난 5년 동안 인큐베이터를 광범위하게 사용했다. 처음에는 변화를 겪고 있는 개인들로 구성된 그룹에서, 이후에는 워크숍과 강연 참석자들과 함께 활용했다. 이 네 가지 방법은 순서에 상관없이 쓸 수 있다. 다음 장에서 소개하는 순서는 나와 교류한 사람들이 선호한 순서를 반영한 것이다. 많은 사람이 처음 몇 가지 방법을 사용한 후 다시 이런저런 방법을 쓰는 모습을 보였다. 이 방법은 융통성 있고 필요에 따라 사용할 수 있도록 만들어졌다.

인큐베이터는 다음에 어떤 일이 일어날지 어느 정도 확신이 있는 사람들에게 목적, 활력, 새로 얻은 에너지를 갖고 앞으로 나아갈 수 있게 도움을 준다. 한편, 어떤 일이 발생할지 확신이 거의 없거나 전혀 없는 사람들에게 인큐베이터는 여정에 대한 명확성, 에너지, 낙관론을 불어넣는다. 인큐베이터를 통해 우리는 자신의 목소리에 힘을 실을 뿐 아니라 우리 모두 안에 있는 놀라운 잠재력을 이끌어내는 방법을 배운다.

인큐베이터는 혁신경제의 핵심 역량인 스타트업 인큐베이터를 기반으로 만들어졌다. 이 유명한 비즈니스 모델은 창업자들과 스타트업 기업들의 성공을 보장하기 위해 최선을 다하는 미니 생태계를 의미한다. 1990년대 후반부터 드롭박스Dropbox, 에어비앤비Airbnb, 인스타카트Instacart 등에 투자를 이끌어낸 유명한 와이 콤비네이터Y Combinator와 같은 수백 개의 스타트업 인큐베이터가 전 세계에 생겨났다.[1] 인큐베이터에 합류를 요청받은 스타트업 기업은 성공에 도움이 되는 인력, 자원, 노하우를 이용할 수 있다. 그 자체만으로도 인상적이지만 인큐베이터의 비결은 창업자가 꿈꾸고, 실험하고, 꿈을 실현할 수 있는 샌드박스 역할을 할 수 있는 능력에 있다. 나는 '인큐베이터'를 통해 우리 모두에게도 스타트업의 성공과 같은 일이 일어나는 것을 목표로 한다.

예측할 수 있는 패턴

인큐베이터는 성장과 관련하여 예측할 수 있는 일련의 활동을 통해 자기개념이 발전할 수 있도록 돕는다. 인큐베이터 활동은 다음 그림에 강조되어 있다(그림 5.1).

내 이야기를 이러한 활동의 예로 들어보자. 나는 '차를 빌린' 사건과 일련의 스트레스 가득한 혼란을 경험한 이후 아이언마운틴을 떠났을 때 직업 정체성에 관해 가졌던 가정을 **재검토**하면서 나의 여정을 시작했다. 나는 정체성에 관한 익숙한 표현에서 벗어나기 시작하면서 고조되었던 수치심, 자기의심, 외로움과 같은 감정을 **재구성**했다. 어떤 일을 할 수 있는지 또는 해야 하는지에 대한 나의 신념을 **활성화**했고, 그 결과 작가와 강연자, 연구자로서의 역할을 받아들이게 되었다. 나는 성공에 대해 이전에 갖고 있었던 기대에서 **벗어났다.** 업데이트된 개인적 기

1 Y Combinator, https://www.ycombinator.com/

자신을 변화시키는 '방법'

- 정체성 전체 또는 부분을 구성하는 신념, 가치, 기대를 **재검토한다**.
- 우리를 제자리에 머물게 하는 감정을 **재구성한다**.
- 자신을 위해 새로운 신념, 가치, 기대를 **활성화 및/또는 창조한다**.
- 우리에게 더이상 해당되지 않는 가치, 신념, 기대에서 **벗어난다**.
- 개선된 새로운 기대, 가치, 신념을 새로운 자기개념에 **접목한다**.
- 새로운 자기개념에 따라 **행동한다**.

그림 5.1 자신을 변화시키는 '방법'

대를 새로운 자기개념과 **통합**하기 시작했고 업무에서 내 목소리를 더 많이 낼 수 있는 여지를 만들었다. 이렇게 새롭게 정의된 자기개념에 따라 나 자신을 위해, 그리고 다른 사람들 앞에서 새로 발견한 내 목소리의 힘으로 **행동**하는 방법을 배웠다.

이 단계들을 한데 모으면 마법과 같은 일이 벌어진다. 우리는 자신의 진실과 더 깊은 관계를 맺고 삶의 궤도를 바꿀 수 있는 잠재력을 지닌 추진력을 키울 수 있다.

자신을 변화시킨 사례 연구

락슈미는 급격한 정체성의 변화를 겪었다. "이 방법을 통해 맺은 관계를 정말 좋아했어요. 이 일을 계기로 저는 완전히 다른 사람이 되었어요." 일리노이주 위넷카 출신 서른두 살의 락슈미는 이렇게 고백했다. 그녀는 인큐베이터 방법을 수년 동안 실험해왔고 나와 커피를 마시며 자신에게 생긴 변화의 진행 상황을 알려주었다.

락슈미의 여정은 빅10 대학 중 한 곳에서 엄격한 의학박사 과정을 밟고 있던 학생일 때 시작되었다. "박사 과정 첫해를 마치고 '이 일은 내가 원하는 일이 아니다'라는 사실을 깨달았어요. 이 깨달음은 심각하고 혼란스러웠죠." 이러한 깨달음을 얻은 락슈미는 목적지를 알 수 없는 여정을 시작하게 되었다.

락슈미가 열 살 되던 해 그녀의 가족은 파리에서 미국으로 이민을 왔다. 그녀와 네 명의 오빠는 항상 학업에 매진해야 한다는 압박을 받았다. 그녀의 가족은 MIT 근처에 위치한 엘리베이터가 없는 잘 관리된 아파트에서 살았고 그녀의 부모는 MIT에서 분자생물학 분야의 연구원으로 일했다.

그녀는 자기정체성에 대한 가족의 완고한 믿음에 대해 나에게 들려주었다. "한번은 주말에 며칠 동안 편안한 시간을 보내려고 대학원 룸메이트를 케임브리지에 있는 부모님 집으로 초대한 적이 있어요. 우리는 제 친구가 한 번도 가보지 못한 시내를 구경하기로 했죠."

"놀랍게도 뒷문으로 들어섰는데, 우리 가족의 친구인 토크 가족이 부모님과 함께 저희를 기다리고 있었어요. 엄마는 그들을 저녁식사에 초대해서 저의 흥미진진한 박사 과정을 직접 들려주기를 바라셨던 거예요. 그날 제일 좋은 그릇까지 꺼내셨더라고요." 락슈미는 체념한 듯한 목소리로 말했다.

우리가 가진 기대

"저는 항상 다른 사람들이 저를 바라보는 인식을 통해 저 자신을 바라보았고, 그 모습을 '내 모습'이라고 여기고 살아왔어요." 락슈미는 자신에 대한 기대를 묻자 이렇게 대답했다.

"다른 사람들이 보는 저의 매력은 똑똑함이라고 생각했어요. 그래서 제가 그런 환경에 있었던 거고, 그래서 그런 반응을 얻었던 거죠. 항상 똑똑한 모습을 보여주어야 한다고 생각했어요. 만약 똑똑한 모습을 보여주지 못한다면, 대체 나는 누구인가라는 생각이 들었죠."

"어떻게 해야 할지 몰랐어요." 그녀는 담담하게 말했다. "의학을 공부하고 싶지 않다면, 나는 누구인가? 항상 간직하고 있던 '내 모습' 없이는 대단히 혼란스럽고 방향을 잃은 듯한 느낌이었어요."

인식은 우리가 성장의 길로 나아갈 때 중요한 첫 단계다. 이 여정의 일부로 우리는 자기정체성과 우리에게 유효한 가치와 신념에 대한 인식을 높인다. 또한 우리는 인식을 통해 우리 자신과 역할에 대해 갖고 있는 가정을 새롭게 바라보고 우리가 맡고 있는 역할이 많다는 사실을 인정한다. 그리고 인식을 통해 우리가 가진 기대 중에서 효용성을 다한 것이 있는지 생각해본다.

“저는 주당 60시간에서 70시간씩 일했어요. 신나는 일이었어요. 하지만 어느 순간부터 의미가 없어졌어요.” 락슈미는 말했다. 그런 깨달음을 얻었지만 즉각적인 해답으로 이어지지는 않았다. “아드레날린이 계속해서 자극제 역할을 했어요.” 그녀는 마치 자신을 용서한다는 듯 숨을 깊이 들이쉬었다. “의학박사 학위를 받으면 대학에서 강의하거나 연구할 자격을 얻게 되고, 그렇게 되면 지금 나를 짓누르는 환경과 같은 환경에서 계속 삶을 이어가야 한다는 의미라는 걸 깨닫기까지 오래 걸렸어요.”

”어떻게 해야 할지 몰랐어요.” 락슈미는 높아져가는 자신의 인식에 대해 이렇게 말했다. “그 세계 외에는 꿈도 꿔본 적이 없었어요.”

감정 다루기

우리의 감정은 정체성의 변화가 일어날 때 우리를 안전하게 지키기 위해 동원된다. 이 자리에 온 기분이 어떠냐고 물었을 때 락슈미는 이렇게 대답했다. “고통스러웠어요. 길을 잃은 것 같았고요. 혼란스럽고 외로웠어요. 버려진 느낌이랄까. 나 자신과 내가 대화를 나눌 수 있는 익숙한 공동체로부터 완전히 고립된 느낌이었어요.”

나는 그녀가 고립에 대해 언급한 점이 궁금해졌다. 고립은 연구 과정에서 많은 사람에게서 들었던 감정이었다. 나는 용기를 내어 그녀에게 물었다. “왜 고립된 느낌을 받았을까요?”

“무슨 말을 해야 할지 몰랐어요.” 그녀가 입을 뗐다. “침묵을 만들어

내는 일종의 접점이 있었어요. 그 일부는 제가 어떤 일을 겪고 있는지 모른다는 데 있었죠. 의학을 그만두어야 한다는 것은 알았지만, 그다음에는 어떻게 될지 몰랐어요. 가까운 친구들을 만나서 주절주절 털어놓으면 힘내라고 말해주었지만, 그뿐이었어요. 정말 외로웠어요."

"그러다가 건강에 경고등이 들어오는 지경에 이르렀어요. 두통이 시작된 거죠. 한동안은 무시하고 지냈는데, 고통이 계속됐어요. 때로는 극심한 고통에 화가 날 지경이었어요."

락슈미는 인식이 높아지면서 고통을 재구성할 수 있었다. "인식이 높아지면서 호기심으로 연결하는 데 도움이 됐어요. 저 자신에게 계속해서 물었죠. '내가 아직 머리로는 깨닫지 못했지만 몸이 나에게 말해주려고 하는 것이 뭘까?'"

새로운 자기개념으로 향하는 단계

락슈미는 첫번째 단계로 대학원 과정 휴학을 고려했다. "전환에서 가장 힘든 때가 바로 첫걸음을 떼는 일이었고, 저에게는 그게 휴학이었어요. 저 자신을 완전히 혁신하는 첫 단계였죠. 그때까지 **저는** 다른 사람의 시선을 통해 저를 바라보았어요."

"휴학은 생각보다 훨씬 중대한 일이었어요. 저 자신에게 **내가** 하고 싶은 것, **내가** 되고 싶은 것을 처음으로 물어본 순간이었어요. 휴학하면서 엄청난 변화의 여정이 시작된 거죠."

락슈미는 자신의 가정을 재검토하는 과정을 통해 자신에 대한 이해와 자기정체성에 따라 행동하는 방식에 대한 이해가 새로운 수준에 이르렀다. "휴학하기로 결심하자마자 변화가 시작됐어요." 그녀는 들뜬 목소리로 말을 이어갔다. "흥미진진한 과정이었어요. 방황하는 것이 두렵지 않았죠." 잠시 숨을 고른 락슈미는 미소를 지은 채 말했다. "일단 휴학하고 나니 많은 것을 내려놓을 수 있었어요. 무엇을 해야 할지 알게 됐죠. 제 내면의 구조를 다시 세워야 했죠."

"그러고 나자 제가 변했어요. '이건 내가 원하는 모습이 아니야'라는 생각을 하게 됐죠. 무섭고 힘든 일이었어요. 우선 아메리코AmeriCorps에서 자원봉사하고 교실을 떠나 지역사회 보건에 뛰어들었죠." 그녀는 말을 잠시 멈추고 자신의 여정에서 중요한 단계였던 당시를 회상했다.

"이 단계를 통해 앞으로 나아가야 할 올바른 방향을 확신하게 됐어요. 그렇게 일종의 패턴이 생겼어요. 다음 단계가 무엇인지 반드시 알았다는 뜻이 아니라, 다음 단계를 알아낼 수 있고, 알아낼 수 있는 상황이 될 거라는 자신감이 생겼어요. 이 패턴을 통해 보다 능동적으로 행동했고, 시간이 지나면서 제가 생각했던 방향으로 나아갈 수 있었어요."

이러한 단계는 우리 모두가 자기정의를 재정립하는 과정에서 밟게 된다. 일련의 작은 단계가 더해져 자기정체성에 대해 새로운 생각을 갖게 된다.

"제가 개인과 가족, 지역사회에 점점 더 관심을 갖고 있음을 알게 됐어요. 라틴계 난민들과 함께 일할 때였는데, 에스파냐어를 할 줄 알아서 에스파냐어를 쓰는 가족들을 위한 치료와 서비스를 편성하는 단체의 창립 멤버가 됐어요. 그 경험을 통해 더 큰 시스템에 관심을 갖게 됐고, 조직의 관점에서 생각하는 시스템에 관심이 생겼어요. 이 패턴에 따라 다음 단계가 나아갈 방향을 알 수 있었죠."

"이 모든 과정에서 중요한 것을 배웠어요. 이상하게 들리겠지만 부정적인 자기대화, 수치심, 완벽주의가 수년 동안 저를 성공하게 한 원동력이었어요. 하지만 그 성공은 제가 진정으로 바라던 성공이 아니었어요. 계속해서 다시 채워야 했죠." 락슈미는 이 길을 걸었던 다른 모든 사람과 마찬가지로 이 새로운 깨달음을 연민으로 받아들이는 능력을 키웠다. 인큐베이터 과정은 과거의 행동을 판단하지 않고 받아들일 수 있는 여지를 만들어주었다. 우리의 과정을 통해 과거의 행동은 앞으로의 선택에 지혜와 안목을 더해준다.

새로운 관계

락슈미가 밟은 단계는 여러 측면에서 유익한 것으로 증명되었다. 이 과정을 통해 그녀는 다른 사람들과 새로운 관계를 맺을 수 있었고, 결과적으로 자신에 대한 이해가 깊어졌다. "저는 조직 행동에 관한 기술 회사에서 일한 적이 있어요." 락슈미는 시카고대학과 현지 기술 스타트업이 설립한 합작 투자 회사에서 하계 인턴을 한 적이 있었다. "큰 회사였고 놀라운 경험을 많이 했어요. 그 일이 정말 좋았어요. 일하는 게 신났고, **저 자신**을 새로운 방식으로 알아가는 데 도움이 됐어요." 그녀는 잠시 말을 멈추었다가 다시 이어갔다. "제가 할 수 있을 것 같았어요. 할 수 있겠더라고요. **그 사실**이 놀라웠어요."

"인턴십과 새 직장을 통해 깨달은 사실이 있어요. 중요한 사실을요." 그녀는 머뭇대며 말했다. "사람들이 저를 좋아하더라고요. 그냥 저를 좋아해주었어요. 다른 사람의 말을 인용할 필요가 없었어요. 그냥 저 자체를 좋아했어요. 그 사실이 너무 감동적이었어요."

락슈미는 새로운 자기개념에 따라 행동했을 때 성공을 거두었다. 그리고 주변 사람들도 그녀를 인정했다. "그리고 저 자신에 대해 두 가지 사실을 더 알게 됐어요. 하나는 제가 재미있는 사람이라는 거였고, 다른 하나는 제가 리더로 보인다는 점이었어요. 정말 **놀라웠죠.**"

락슈미의 경험은 내 연구를 통해 발견한 가장 강력한 결과 중 하나를 보여준다. 우리는 성장 과정에서 다른 사람과의 관계를 통해 자신을 만나게 된다. 락슈미는 이렇게 말했다. "사람들이 제 말을 들었어요. 진심으로 들었죠. 그리고 저한테 **통찰력이 있다**고 말해주었어요." 그녀는 여전히 이 반전된 상황에 놀란 듯 보였다. "제가 찾고 있던 저의 새롭고 성숙한 모습을 통해 일할 수 있도록 사람들이 도와주었어요. 정말 중요한 순간이었죠."

성숙해지는 과정

혁신은 더 많은 무언가, 즉 더 큰 정체성으로 우리를 부드럽게 이끈다. 락슈미에게 더 깊어진 자아와의 관계에 대해 묻자 그녀는 이렇게 대답했다. "더 진실하고 예민한 저 자신을 발견했어요." 락슈미는 숨을 크게 내쉬더니 놀라움이 담긴 목소리로 말을 이어갔다. "이 여정은 정말 **놀라움** 그 자체였어요. 정체성에 거대한 변화가 일어났죠."

"그 방법들이 저에게 그 과정에서 살아남을 수 있다는, 어떤 일이 있어도 좋은 결과가 있을 거라는 자신감을 주었어요. 그 과정을 겪고 난 후에 살아남았을 뿐 아니라 성장했고, 앞으로 닥칠 혼란에 대처할 수 있는 새로운 자신감도 생겼어요."

"저는 어휘, 즉 어휘의 존재 자체가 경험에 왠지 더 높은 권한이 있음을 뜻한다고 생각해요. 경험에 신뢰성이 부여되어 있음을 보여주죠. 이 점이 저에게 얼마나 긍정적인 역할을 했는지 몰라요."

"성장은 당신이 바라는 것처럼 '보세요, 이 일을 하고 싶어요'라고 세상을 향해 외치면 엄청난 기회가 두 팔 벌려 환영해주는 환상이 아니에요. 노력해야 해요. 걸음마부터 시작해서 경험을 쌓고, 이력서를 쓰고, 그렇게 해서 환상에 도달할 수 있게 되죠."

나는 그녀의 새로운 직업이나 경력에 대해 듣고 싶어 그녀가 겪은 과정의 결과를 설명해달라고 부탁했다. "마침내 제가 모르는 것을 받아들일 수 있는 단계에 도달했어요. 처음 시작했을 때는 이 단계까지 도달하리라고는 상상조차 할 수 없었어요."

혁신적 성장은 우리가 자신의 본질에 더 가까이 살 수 있게 해준다. 성장은 우리가 우리 자신의 목소리에 다가가는 과정이다. 인큐베이터는 업데이트된 자신의 표현에 맞추어 살아가는 방법을 발견하고 배우는 데 도움을 준다.

락슈미의 여정이 보여준 흥미로운 점 세 가지

락슈미의 감동적인 이야기는 인큐베이터의 세 가지 요소를 강조한다. **인식 기술**에 대한 의존, **정보에 기반한 실험**에 대한 편견, 우리의 여정을 인도하는 **질문**을 끊임없이 새롭게 하려는 의지다. 이 세 가지 요소를 통해 우리는 락슈미처럼 성장이 주는 엄청난 이점을 실현할 수 있다.

인식 기술은 인큐베이터의 핵심이다. 여기서 '인식'이란 '알게 됨'을 의미한다. 예를 들어 락슈미는 자기정체성에 대한 자신의 생각과 주변 사람들의 믿음 사이의 차이를 **인식**하게 되었다. 이러한 유형의 인식은 우리가 함께 작업하는 모든 단계에서 중요한 역할을 하며 일기쓰기와 더불어 인큐베이터를 통해 당신의 발전을 돕는다.

'인식 기술'이라는 용어가 생소할 수 있지만 이 용어가 의미하는 바를 잘 알고 있으리라고 생각한다. 예를 들어 요가 수업을 받아본 적이 있다면 인식 기술에 대해 들어본 적이 있을 것이다. 요가 강사는 일반적으로 인식 기술을 통해 학생들을 이끌며 수업을 시작하는데, 그 과정에서 학생들은 자신의 호흡이 몸으로 들어오고 나가는 것을 인식하는 법을 배운다. 별다른 지시가 없어도 참가자는 호흡의 존재와 활동을 인식하는 덕분에 자신의 몸을 다르게 느낀다. 인식 기술도 요가에서와 비슷한 효과를 나타낸다. 바로 눈앞에 있는 무언가를 새로운 시각으로 바라볼 수 있도록 도와준다. 인큐베이터에서 사용된 리플렉션은 인식 기술의 좋은 예다.

정보에 기반한 실험은 우리가 새로운 자기개념을 정의하는 과정에서 '어떻게' 발전해가는지를 뒷받침하는 접근 방식이다. 이 실험은 우리가 행동할 때마다 질문을 통해 얻은 정보 방향으로 다음 단계로 나아가기 위한 **작은** 걸음을 내디디는 것이다. 락슈미의 재창조는 한 걸음에 이루어진 일이 아니다. 하루아침에 의학을 그만두고 다음 날 명성 있는 조직 발전 인턴십에 참여하게 된 것이 아니다. 그사이에는 여러 단계가 있었다.

락슈미는 각 단계를 가능한 한 그 당시 자신의 최대 관심사에 따라 결정했다. 처음에는 휴학을 시작으로 아메리코에서 자원봉사했고, 지역사회 단체에 합류한 후 새로운 활동을 통해 다른 사람들의 행동을 관찰하고, 관찰한 내용에 관해 대화를 나누고, 지역사회의 필요에 부응할 수 있는 새로운 조직을 시작했으며, 개별 수혜자 및 지역 파트너들과 협력하여 그들의 사용 패턴을 통해 행동의 유사성을 발견하는 데 도움을 얻었다. 이러한 여러 작은 단계를 거친 후에야 락슈미는 인턴십에 지원할 준비를 마쳤다.

인큐베이터는 락슈미가 이루었던 것 같은 발전을 기대한다. 한 번의 결정으로 크게 한 방을 노리거나 존재 자체를 위험에 빠뜨리는 것을 찬성하는 것은 절대 아니다. 그보다는 한 걸음, 또 작은 한 걸음씩을 내디디면서 성장할 것을 요구한다. 어떤 사람에게는 아이들이 마침내 잠자리에 든 화요일 밤 10시마다 팟캐스트를 듣는 것이 작은 걸음일 수 있다. 또 누군가에게는 뉴질랜드에 있는 유기농 농장에서 6개월 동안 무급 인턴을 하는 것이 작은 걸음일 수 있다. 그 한 걸음의 성격이 무엇인지보다는 한 걸음씩 나아가겠다는 의지가 더욱 중요하다. 혁신적 성장에서 끊임없는 작은 걸음이 더해져 하나의 행동이 될 때까지 우리는 이 패턴을 반복한다. 그렇게 형성된 새로운 행동은 우리를 앞으로 나아가게 만든다.

마지막으로 인큐베이터를 사용하여 새로운 자기정의를 만들어내는 능력은 스스로에게 **질문**하려는 의지에 달려 있다. 질문을 통해 우리는 기꺼이 다루고자 하는 문제의 범위를 명확히 하고 구체화할 수 있다. 락슈미는 "의학에서 벗어난 나는 누구인가?"라는 질문으로 시작하여 "조직 발전 분야에서 재미있고 영감을 주는 리더로서 내가 할 수 있는 일은 무엇인가?"라는 질문으로 발전시켰다.

성장의 길을 따라 진행하는 동안 우리의 질문은 절대 하나로 고정되어 있지 않다. 3장의 혁신적 성장에서 다루었던 내용처럼 우리가 내딛는 모든 작은 걸음은 새로운 렌즈를 통해 우리 자신과 세상을 바라볼 수 있게 한다. 락슈미의 질문은 그녀가 여정의 범위를 새롭게 만들고 그 약속을 향해 반복하여 걸어나가는 데 도움을 주었다.

질문은 우리의 행동에 심오한 방식으로 영향을 준다. 질문이 완벽한 답을 주기 때문이 아니다. 질문은 정답보다 훨씬 더 유용한 결과를 만들어낸다. 질문은 정체성을 점점 더 많이 이해하기 위한 진입로 역할을 하는 유익하고 새로운 일련의 질문을 만들어낸다.

인식 기술에 대한 의존, **정보에 기반한 실험**에 대한 편견, 우리의 여정을 인도하는 **질문**을 반복적으로 새롭게 하려는 의지, 이 세 가지 요소가 우리의 여정에 대한 이해를 선명하게 하고, 우리가 자신의 방식으로 성공하기 위해 필요한 길을 따라 나아가게 한다. 이 길은 게이트웨이 혼란 앞에서 기꺼이 성장을 선택하려는 모든 사람에게 열려 있다.

리플렉션 : 당신의 질문

당신이 걷는 여정의 핵심은 무엇인가? 새로운 도시로 이사하거나, 특별한 관계를 회복하거나, 일자리를 다시 구하거나, 무언가 잘못되었다고 느끼는 문제를 해결하기 위한 여정인가? 다음 연습은 당신의 경험을 중심으로 인큐베이터를 활용한 연구를 시작하는 첫걸음이다.

1단계 : 당신의 여정의 목적은 무엇인가? 당신의 대답을 일기로 쓰거나, 그림으로 표현하거나, 콜라주를 만들거나, 시를 쓰거나, 목록으로 자유롭게 만들어보자. 자신에게 가장 적합한 방법을 선택하면 된다.

주의사항 : 많은 사람이 혼란의 경험에서 시작된 질문에서 이 질문

에 대한 대답을 찾아냈다. 1장 '혼란과 당신' 리플렉션을 참고해도 좋다.

2단계 : 1단계에 대한 답을 **질문**의 형태로 쓰거나 다시 작성해보자.

예를 들어 락슈미는 "의학에서 벗어난 나 자신을 어떻게 정의할 것인가?"라고 질문할 수 있다. 관계의 갈림길에서 고민하는 사람이라면 "인생의 중요한 동반자가 없다면 나는 누구인가?"라는 질문을 할 수 있다.

3단계 : 2단계 질문을 할 때 어떤 감정을 느끼는가?

4단계 : 앞의 질문에 대답하는 방향으로 작은 한 걸음을 내디뎌야 한다면 무엇을 하겠는가?

예를 들어 락슈미는 "박사 프로그램을 휴학하는 것이 어떤 의미인지 알아보겠다"라고 대답할 수 있다.

리플렉션을 행동으로 옮기기

뉴욕의 유명한 광고 회사에서 회계 담당 간부로 일하고 있는 마흔한 살의 헤더는 스스로에게 솔직한 질문을 했다. "나에게 **더 의미 있는** 일은 무엇일까?" 이 질문과 동시에 그녀는 이렇게 대답했다. "나는 지금 갈

림길에 서 있다. 내 커리어를 생각할 때 이 시점에서 다시 시작할 용기가 있는지 확신이 서지 않는다."

"둘째 딸을 임신했을 때 제 직장 상사는 제가 아이를 둘이나 돌보면서 제 일을 제대로 해낼 수 있을지 의구심을 가졌어요. 저는 전적으로 일에 몰두했어요." 그녀가 강조하듯 말했다. "상사의 불신 때문에 엄청난 스트레스와 압박감을 받았어요. 매일 직장에서 살얼음판을 걷는 듯한 기분이었죠."

일과 가정 사이에서 균형을 잡으려는 헤더의 시도는 끝없는 격변의 연속으로 나타났다. "압박감이 심했어요. 조직 개편으로 일자리에 영향을 받게 되었을 때도 놀랍지 않았죠. 가장 큰 거래처였던 영양 보충제 라인이 거래를 중단했고, 그 결과로 저도 직장을 잃었어요. 화가 나기도 했고 조금 행복하기도 했어요. 매일 출근하는 일이 전쟁 같았거든요."

실직 때문에 걱정거리가 생겼지만 헤더는 이 사건을 새로운 기회로 여겼다. "**더 의미 있는** 일을 할 수 있는 방법에 대해 많이 고민했어요. 아이를 맡기고, 베이비시터가 바뀌고, 어린 자녀를 둔 부모가 해야 하는 모든 아웃소싱을 감당해야 하는 워킹맘으로 일하면서 제가 하는 일이 에너지바를 한 개 더 파는 것보다는 더 의미 있는 일이기를 바랐어요."

헤더는 고등학교와 대학 시절 내내 운동선수로 활동했다. 초기에 영양과 웰빙에 관심이 많았던 그녀에게 업무는 정말 매력적으로 느껴졌다. 하지만 가족이 늘어나면서 그 세계에 집중할 시간은 점점 줄어들었다. 중심을 잡지 않으면 어느 방향으로 가야 할지 알 수 없었다. "잘 모르겠어요. 직장이 필요한 건 알아요. 정말 어려운 문제에요. 이 시점에서 다른 방향으로 가는 것이 새로운 시작처럼 느껴져요. 제가 다시 시작할 수 있을지 확신이 서지 않아요."

그녀가 선택한 다음 단계는 조사였다. "의미와 제가 좋아하는 일에 대해 생각해봐야겠어요. 두렵지만 기대가 돼요."

더 많이 발견하기

질문은 변화의 여정에서 반복적으로 변한다. 정적이지 않고 동적인 질문의 특성은 새로운 자기개념을 정의하는 데 필수적인 부분이다. 진화하는 질문에 대해 두려워할 필요가 없다. 오히려 하나의 질문이 다른 질문으로 이어질 때 환호해야 한다.

내가 여정을 시작했을 때 했던 질문은 온전히 일에 집중되어 있었다. **어떤 직업을 가지면** 내가 꿈꾸었던 부모와 직업인의 역할을 더 잘할 수 있을까? 퇴근길에 '차를 빌린 사건'으로 베이비시터가 그만두기 직전인 상황에 처했을 때 일과 가정 사이의 위기가 생긴 이후에 문제를 계속해서 해결해나가는 과정에서 나는 직업을 바꾸면 나에게 일어나는 모든 일이 해결될 것이라고 확신했다.

변화의 여정이 진행되면서 내 질문도 바뀌었다. 꾸준히 작은 걸음을 내디딘 덕에 나는 성인 전환에 관한 작가, 연설가, 연구자로서 새로운 일을 찾을 수 있었다. 지금 하고 있는 일을 좋아했지만 나의 성장 과정은 계속되었다. 내 질문은 성장 과정이 계속 진행되는 특성을 반영했고 더 넓은 관점으로 여정을 이해할 수 있게 했다.

실제로 어느 날 다른 무대에서 성인의 성장에 대한 새로운 열정에 대해 이야기하던 중 이 사실을 깨달은 적이 있다. 작가가 되기 위한 나의 '권리'에 대해 의문을 제기했던 뉴욕에서의 행사가 있은 지 2년 후 일이었다. 나는 오클라호마시티에서 열린 여성 리더십 콘퍼런스의 기조 연설자로 초대받았다. 그날 아침 내 임무는 엄청났다. 하루 동안 영감을 얻고 자아를 발견하기 위해 모인 1000명의 참석자로 가득찬 공간에 에너지를 만들어내야 했다.

무대 위에서 청중들을 바라보고 있었고 모두가 함께 활동하고 있었다. 물론 이 활동에는 위험이 따랐다. 콘퍼런스 주최자에게 문제없이 활동을 진행할 수 있다고 설득해야 했던 기억이 난다. "걱정하지 마세요." 그렇게 말했던 것 같다. 이 환경에서 '활동'을 진행한다는 것은 1000명이 몇 분 안에 자리에서 일어나 새로운 사람들과 함께 활동하고 다시 자리에 앉도록 조정해야 한다는 의미였다. 나에게는 전혀 두려운 일이 아니었다. 나는 큰 규모의 연설을 친구와 식탁에서 수다를 떠는 듯한 느낌의 분위기로 만드는 데 능숙했기 때문이다.

청중들은 다른 사람들과 관계를 맺을 수 있는 이러한 기회를 좋아했다. 이곳저곳을 둘러보아도 사람들은 새로운 친한 친구를 만난 것처럼 활기차게 이야기를 나누었다. 내가 서 있던 무대에서는 이 모든 대화 소리가 행복한 함성처럼 들렸다.

하지만 무대에 서서 그들을 바라보고 있는데, 갑자기 외로움에 휩싸였다. "참 이상하네." 나는 혼잣말을 내뱉었다.

'나는 저기에 속해 있지 않잖아.'

나는 이 새로운 관계 밖에 있었다. 마치 청중과 나 사이의 공간을 우스운 모양으로 왜곡하는 카니발 거울을 통해 그들을 바라보고 있는 것 같았다.

이 생각에 사로잡혀 있을 여유가 없었다. 다시 연설자 모드로 돌아가 남은 시간을 마무리했다.

연설을 마치고 무대에서 내려와 콘퍼런스 주최자와 마주쳤다. "와! 정말 멋졌어요. 회의장에 엄청난 에너지를 만들어내셨어요! 휴대전화를 보는 사람이 한 명도 없었어요." 그녀는 기쁨에 차서 내 손을 흔들면서 고마워했다. 나는 거의 아무 말도 하지 않았다. 지쳐 있었다. 갖고 있던 모든 에너지를 무대에서 다 쏟아낸 터였다.

택시 승강장에 도착했을 때쯤에는 회의장에서 무슨 일이 있었던 것인지 궁금해할 정도로 기운을 차렸다.

'왜 그 많은 사람 속에서 외로움을 느꼈을까?'

나는 인큐베이터 단계를 잘 숙지하고 있었다. 본능적으로 인큐베이터 단계를 밟고 있었다. 택시를 타고 공항으로 가는 30분 동안 질문들이 쉽게 떠올랐다. 차창 밖을 내다보니 도시가 시야에서 멀어지고 있었다.

외로움이 '나와 무슨 상관이 있는 것일까? 왜 거기서? 왜 하필 무대에서?' 외롭다는 감정이 이상하게도 친숙하게 느껴졌다.

질문에 대한 답이 곧바로 떠오르지 않았다. 그렇다고 당황하지 않았다. 그저 피곤했다. 또한 포기하지 않을 만큼 방법에 대해서도 충분히 알고 있었다. 나는 스스로에게 더 많은 질문을 던졌다.

"나는 언제 외로운가?" 사람들로 가득찬 방의 무대 위에 있었던 모습을 떠올리면서 이러한 질문을 한다는 현실이 아이러니했다. 그 공간을 제외하고는 하루종일 근무하고 바쁜 가정을 돌보면서 **물리적으로** 외로운 일은 거의 없었다.

이 외로운 느낌이 다른 의미일 수도 있을까?

나는 그곳에 있었지만 그 안에 있지는 않았다. 그 자리에 있던 모든 사람이 나를 보고 있었던 것은 확실히 알고 있었다. 그들은 무대 위에 있는 활기차고 에너지 넘치는 내 모습을 보았다. 하지만 이 사실과 내 감정을 조화시키기는 어려웠다. 나는 무대 위 **그곳에** 있었지만 어쩐지 분리되어 있었다.

'이런 외로움을 또 어디에서 느낄까?' 궁금해졌다.

'나와 가장 가까운 사람들과의 관계에서는 어떨까?' 이 질문이 머릿속에서 불쑥 떠올랐다. 이 질문이 지금까지 여정에서 차단해왔던 방향으로 나를 돌려놓았다.

나는 택시 뒷좌석의 갈라진 밤색 비닐 좌석 속으로 더 깊숙이 파묻혔다. 그때까지 내 모든 단계는 일 또는 일과 관련한 주제에 집중되어 있었다. 이 주제들은 크고, 힘들고, 매우 만족스러웠다. 하지만 이 외로움은 아니었다.

택시가 공항 출국장 출입구에 서자마자 알았다. 다른 곳은 다 살펴보았다. 이제는 나와 가장 가까운 사람들과의 관계에서 느끼는 외로움에 대해 물어볼 때였다.

여정의 시작

이어지는 6장부터 9장까지는 인큐베이터의 네 가지 방법에 대해 각각 자세히 살펴본다. 이를 통해 우리는 감정, 기대, 이야기, 관계 이 네 가지 영역에서 자신을 변화시키는 방법을 배울 것이다.

이 과정에서 아직 개발하지 않은 역량에 접근하고 자신의 모습을 더욱 충만하게 활성화하는 데 도움이 되는 리플렉션과 체크 스텝이라는 중요한 기술을 알게 될 것이다.

3부

여정의 시작

6 인큐베이터 : 감정 재구성하기

감정에 대한 연구로 인큐베이터를 시작하는 것은 성장의 모든 길에서 감정이 우리와 적극적으로 함께한다는 점을 고려하면 당연한 일이다.

서른일곱 살의 에릭은 이 사실을 알고 있었다. 그는 해고를 당해 직장을 잃은 후 어린 두 자녀를 돌보며 전업주부로 살기로 결정했다. "남편 데이비드와 대화를 나눴습니다. 좋은 결정이라는 데 동의했죠. 장기적으로 봤을 때 좋은 일이 될 겁니다. 아이들이 더 크면 새로운 방향으로 가고 싶어요."

"이렇게 어려울지 몰랐어요." 그는 고백했다. "해고를 당했고, 직장에서 딱히 행복하지도 않았어요. 그곳에서 오랫동안 일했죠. 직장이 주는 편안함과 관계 구축을 위해 계속 다녔어요. 지금은 회사에 다니지 않아 일하는 게 그립기도 하지만, 그곳이 그립지는 않아요. 솔직히 비즈니스가 어떻게 돌아가는지 알고 싶어서 회계 업무를 시작했어요. 그냥 그 길을 따라갔죠. 그러다 해고당했을 때 저 자신에게 이렇게 물었어요. '이 일이 정말 평생 하고 싶은 일인가?' 책상 앞에 앉아 일하는 것보다는 밖에서 일하는 게 더 낫다 싶었죠."

에릭은 힘이 되는 배우자가 있어도 정체성에 변화가 생기자 끊임없이 요동치는 감정을 경험했다. "솔직히 말해서 예상했던 것보다 훨씬 불안하고 우울해요. 한편으로는 직장을 그만두어서 안심되기도 하지만." 그는 말을 잠시 멈추었다가 이어갔다. "혼란스러워요."

에릭은 머릿속에서 끊임없이 떠오르는 질문들을 털어놓았다. "'제가 이 일을 해야 할까요? 보비와 브리트니의 아빠라는 모습을 빼면 저는 누구일까요?' 오해는 하지 마세요. 부모가 될 수 있다는 건 행운이에요. 하지만 절대 쉬운 일은 아니죠. 직장생활을 그만두면 정체성을 잃게 된다는 걸 아무도 말해주지 않았어요. 제가 대체 무슨 생각을 하고 있었던 걸까요?"

에릭은 전 직장 동료의 반응에도 놀랐다. "동료들은 마치 제가 존재하지 않았던 것처럼 행동했어요. 마치 누군가를 잃고 슬퍼하는 기분이에요. 이상하죠. 10년 동안 이 사람들을 매일 봤는데, 이제 사라졌어요. 마치 제가 그들에게 존재하지 않았던 사람 같아요. 이런 감정 기복을 겪고 있어요. 제 불안은 제가 통제할 수 없다는 느낌에서 비롯된 것 같아요. 이렇게 어려운 일일 거라고는 상상도 하지 못했어요."

에릭은 정체성에 대한 익숙한 표현에서 벗어나게 되었을 때 생기는 정상적인 감정적 반응에 대해 설명한다. 이 장에서는 그러한 상황에서 마주하는 감정을 재구성하는 방법에 초점을 맞추려고 한다. 이러한 실질적인 기술을 사용하면 상반된 감정이 존재해도 성장의 길로 계속 나아가는 데 도움이 될 수 있다.

감정과 정체성의 변화

에릭의 감정적 반응은 그를 불안과 우울증에 빠져들게 했다. 앞 장에서 논의했듯 의학박사 과정을 중단한 락슈미는 때때로 흥미진진하고 중요한 감정적 반응을 보였지만 그보다는 더 자주 고통스럽고, 어지럽고, 혼란스럽고, 외롭고, 고립감을 느끼는 경우가 훨씬 많았다. 인큐베이터는 첫번째이자 가장 필수적인 방법인 HAIL을 사용하여 성장에 대한 이러한 유형의 감정적 반응에 대응한다. 이 방법은 성장하는 동안 우리를 제자리에 머물게 하는 감정을 재구성하는 방법을 가르쳐준다.

연상 기호인 HAIL을 통해 감정적 대응을 존중Honor하고, 감정적 대응에 대해 스스로에게 질문Ask하고, 감정적 대응이 우리에게 미치는 영향Influence을 고려하고, 존재하는 감정에 대응하면서 배울Learn 수 있는 것이 무엇인지 궁금해하게 한다. 이 네 단계는 감정이 우리를 지배하는 힘에서 벗어날 수 있게 여러 수준에서 작동한다. HAIL을 통해 감정과의 관계를 재구성하고 그 관계에 새로운 의미를 부여한다.

'재구성'은 널리 쓰이는 단어지만 간단한 설명이 필요하다. 만약 누군가 1미터 정도 떨어진 곳에 서 있는 코끼리를 그려달라고 부탁했다고 상상해보자. 그러고 나서 이번에는 같은 코끼리를 세렝게티 상공에 높이 떠 있는 열기구에서 바라보는 관점에서 그려본다고 상상해보자. 같은 코끼리여도 두 가지 관점에서 보는 모습은 전혀 다르다. 이것이 바로 재구성이다. HAIL을 통해 불안과의 관계처럼 익숙한 것을 새로운 렌즈를 통해 바라볼 수 있게 된다.

HAIL이라는 방법을 사용하여 감정과 관련한 자기주체성 또는 소유권을 새로운 방식으로 이해할 수 있다. 주체성은 자기이해를 위해 행동할 수 있는 힘을 준다. HAIL은 우리가 중요하고 특별한 조치를 취하는 방법, 즉 우리를 지배하는 감정의 힘을 무력화하는 방법을 알려준다.

HAIL은 광범위한 테스트를 통해 감정을 재구성할 때 매우 신뢰할 수 있는 것으로 밝혀졌다. 나는 이 방법을 심리학, 신경과학, 생물학, 동양 종교, 요가, 정신의학의 모범 사례를 기반으로 만들었다.

이 방법은 우리 자신과 감정 사이에 거리를 두는 역할을 한다. 이 방법을 통해 불안과 같은 감정은 특성이 아니라 일시적이고 비영구적인 상태라는 사실을 배우게 된다. 나는 이러한 변화를 시각적으로 이해한다. 예를 들어 HAIL을 배우기 전에는 슬픔과 같은 감정이 통제하는 밧줄 끝에 매달려 있는 듯한 느낌이었다. 슬픔은 나를 이리저리 마구 흔들어 대는 힘을 갖고 있었다. 때로는 간신히 버틸 때도 있었다. 아무리 대항하려 해도 슬픔이 활성화되면 나를 지배했다.

나는 HAIL을 배운 후에도 여전히 슬픔을 느꼈지만 슬픔의 영향력을 외부로 돌릴 수 있었다. 마치 내가 매달려 있는 밧줄을 내 옆 땅바닥에 떨어뜨려놓을 수 있게 된 것 같았다. 일단 땅에 떨어뜨리자 슬픔은 나를 지배하는 힘을 잃었다. 나는 슬픔이 나를 매단 채 마구잡이로 방향을 바꾸는 데 더이상 민감하게 받아들이지 않았다. 일단 이 단계에 도달한 후에는 스스로에게 슬픔에 대한 질문을 할 수 있었다. 슬픔은 왜 활성화되는가? 슬픔이 존재하는 이유는 무엇일까? 슬픔으로부터 어떤 교훈을 얻을 수 있을까? 이러한 단계를 통해 HAIL은 슬픔에서 나에게로 힘을 이동시켰다.

이어지는 부분에서는 '헤일링HAILING'을 소개하고 네 단계, 즉 존중, 질문, 영향, 배움을 각각 설명한다. HAIL을 통해 감정을 각각 다르게 받아들이고 자기정의를 재창조하는 인큐베이터의 흥미진진한 과제를 시작하기 위해 준비하는 방법을 배운다.

HAIL의 H, 존중

HAIL의 H, 존중은 우리가 갖고 있는 감정에 이름을 붙이고 그 감정에 추가적인 의미를 부여하는 방법을 인식할 것을 권유한다. "당혹감, 두려움, 수치심, 마비될 것 같은 불안감, 고립감." 탈리아는 자신의 경험을 이야기하게 되어 안도한다는 듯 모인 사람들을 향해 몸을 기울이며 말했다. "저는 신약 개발에 대해 많은 전문 지식을 갖고 있습니다. 그런

데 헌신짝처럼 버림받은 기분입니다." 탈리아가 실직했을 때 느꼈던 감정을 공유하자 테이블에 앉아 있던 많은 사람이 고개를 끄덕였다. "연약해지고 벌거벗겨진 기분입니다. 하루는 '잘되고 있어'라는 생각이 들다가도 다음 날에는 그런 생각이 들지 않았어요." 그녀는 크게 숨을 들이쉬더니 한숨을 내쉬고 말했다. "아주 가깝게 지내던 동료들에게서 멀어진 기분이 들어요." 탈리아는 잠시 생각에 잠겼다가 주위를 돌아보며 이렇게 말했다. "안전하다는 느낌이 들지 않아요. 두렵고, 경제적으로도 아주 무섭고요. 필요 없는 존재라는 느낌이 너무 싫어요."

탈리아는 자신이 갖고 있는 감정에 이름을 붙이고 그 감정에 추가적인 의미를 부여함으로써 자신의 감정을 존중했다. 존중을 통해 우리는 우리가 경험하고 있는 감정을 표현함으로써 그 감정을 인정한다. 우리는 그 감정들을 큰 소리로 말한다. **불안. 두려움. 수치심. 죄책감. 후회. 외로움. 안도. 기쁨.** 우리는 모든 형태의 감정에 이름을 붙인다. 이 단계만으로도 가치가 있으며 우리가 경험한 감정을 인정하는 데 도움이 되어 존재하는 감정을 신뢰할 수 있게 된다. 이름 붙이기는 감정을 고양하고 그 감정이 공간과 시간에 걸맞다고 인식할 수 있게 도움을 준다.

존중은 우리에게 한 걸음 더 나아가기를 요구한다. 우리는 감정에 반사적으로 추가적인 의미를 부여하는 우리의 모습을 발견하게 된다. 예를 들어 우리가 "너무 불안해"라고 이야기할 때 곧바로 "나한테 분명 문제가 있어"라고 의미를 부여하는 것을 볼 수 있다. 존중은 우리가 불안에 이름을 붙이고 존재하는 감정에 추가적인 의미를 부여하려고 할 때 깨달으라고 말한다.

이렇게 하면 어떨까? 후회가 밀려오면 "잘 잤어?"라고 말하고, 자기의심이 든다면 "안녕하세요"라고 인사하고, 불안감이 엄습하면 "다시 만나서 반가워"라고 반기는 것과 같이 말이다. 예를 들어 슬픔이 우리에게 다시 찾아오면 존중은 반사적으로 의미를 부여하려는 우리의 욕구를 **깨닫고** 당분간은 **자제**하라고 요청한다. 이러한 요청은 우리가 슬픔을 느낄 때 "나는 실패자야!"라는 식의 의미를 부여하지 말라고 요구한다.

존중은 우리에게 존재하는 감정에 대한 인식을 높이고 그 존재에 반사적으로 추가적인 의미를 부여하는 습관을 알아차릴 것을 요청한다. 분노나 수치심을 느낄 수도 있다. 무의식적으로 "나한테 분명 문제가 있어"라는 의미를 추가적으로 부여할 수도 있다. 존중은 우리가 반사적으로 감정에 의미를 부여하려는 모습을 깨닫고 존재하는 감정을 인정하는 데만 집중하기를 요구한다.

존중은 반문화적이다. 우리에게 어떤 방식으로든 반응하라고 요구하지 않는다. 우리는 존재하는 감정에만 이름을 붙인다. 그것뿐이다. 수치심. 압도당하는 느낌. 실패감. 희망. 호기심. 안도. 가슴 아픔. 두려움. 낙관. 분노. 열등감. 기쁨. 이 모든 것은 우리가 변화 과정을 거치는 동안 우리와 함께하는 감정에 대한 중요한 통찰력을 제공한다.

HAIL의 A, 질문

HAIL의 A, 질문은 우리의 호기심을 감정으로 향하게 하고 경험에서 감정의 의미를 생각해보게 한다. 쉰다섯 살에 아이들을 독립시키고 빈 둥지 시기를 보내고 있는 부모인 에이미는 이렇게 말했다. “외로움을 준비하고 있었어요. 직장에 복귀하는 일이 얼마나 어려울지 상상도 못 했어요. 사실 신경쓸 필요도 없어요. 어떤 직업에도 자격이 부족하거든요.” 그녀는 가장 어린 자녀가 독립한 후 느낀 외로움에 대해 나와 오랫동안 이야기를 나누었다. 에이미는 자신을 교회에서 열정적으로 활동하는 전문 봉사자라고 묘사했다. 그녀는 일반적으로 말하는 일터에서 수십 년 동안 벗어나 있었다. “두려워요. 통제력을 잃은 기분이에요. 실패를 감당할 자신도 없어요. 어차피 소용없는 일인데.” 그녀는 머뭇거리며 말했다. 에이미는 외로움, 두려움, 통제력 상실, 집중력 부족, 자기의심 등의 감정을 나열하며 존중했다.

질문 단계에서 에이미는 자신에게 나타난 감정의 의미를 탐구했다. 왜 이러한 감정을 느끼는 것일까? 이 감정의 의미는 무엇일까? 이 질문들은 강력한 연관성을 드러냈다. “나 자신을 다른 사람과 자꾸 비교하게 돼요. 이웃 중 많은 사람이 가정을 꾸리면서 일도 했어요. 저는 직장을 다니지 않은 지 너무 오래됐어요.” 에이미는 말을 잠시 쉬었다가 계속 이어갔다. “일하면서 성공을 느껴본 적이 없어요. 일은 그저 일일 뿐이었죠. 그때도 자신감이 부족했어요. 과연 내가 무슨 일을 할 자격이 있긴 했었나?”

질문하면서 자신과 감정 사이의 거리를 더 멀게 만들기 시작한다. 이 감정은 왜 나타나는 것일까? 왜 하필 지금? 언제부터 시작된 감정일까? 얼마나 오래 지속될까? 질문은 매우 중요한 다른 무언가를 인식하는 데 도움을 준다. 우리는 감정이 아니다. 감정은 감정일 뿐이다. 에이미의 자기의심은 감정일 뿐 그녀의 특징이 아니다. 질문은 감정을 우리 밖에서 일시적으로 머무는 것으로 바라보게 한다.

에이미는 감정을 이렇게 바라보았다. "직장에서는 자신감이 없었지만, 저는 본래 자신감 있는 사람이에요." 호기심에 힘입어 그녀는 한 걸음 더 나아갈 수 있었다. "이 감정을 간직해야 해요. 자기의심에서 벗어나야 해요!" 그녀는 환하게 웃으며 말했다.

질문은 우리와 관련한 감정의 위치를 바꾸는 데 도움이 된다. 슬픔에 관한 전문가 조앤 카치아토레Joanne Cacciatore는 자신의 저서 『감당할 수 없는 것을 감당하기*Bearing the Unbearable*』에서 강력한 질문의 예시를 보여주었다. "마음이 찢어질 것 같아"[1]라는 말은 "마음이 찢어졌어"라는 말과 전혀 다른 의미라고 주장한다. 이 두 문장은 단순히 어미 하나 차이지만 감정을 우리 밖에 있는 일시적인 것으로 인식할 수 있다면 그 의미와 우리에게 미치는 힘은 완전히 바뀐다.

질문은 우리 자신과 감정을 분리하여 생각하게 한다. 질문을 통해 우리는 존재하는 감정과 관련하여 우리 자신을 어디에, 어떻게 위치할

1 Joanne Cacciatore. 2017. *Bearing the Unbearable: Love, Loss, and the Heartbreaking Path of Grief.* Wisdom Publications. page 131.

것인지에 관한 대화를 시작할 수 있다.

HAIL의 I, 영향

HAIL의 I, 영향은 우리의 경험에서 감정의 역할을 인식할 수 있게 한다. 유명한 영화 제작사에서 16년 동안 일했던 마흔두 살의 아야나는 장기간 국제 업무를 마치고 돌아온 날 남편이 이혼을 원한다는 사실을 알게 되었다. "너무 창피했어요. 충격적이었고요. 우리는 17년 동안 결혼생활을 유지하고 있었어요."

아야나는 10대 후반부터 자신의 고향이라고 부르는 캘리포니아 헌팅턴비치 근처에 있는 자신의 주방에서 나와 앉아 이야기를 나누었다. 나는 그녀에게 당혹감과 같은 감정이 미치는 영향을 어떻게 생각하는지 물었다.

"제 정체성이 갈기갈기 찢어졌어요." 그녀는 잠시 말을 멈추고 우리가 앉은 곳에서 창문 바깥쪽에 펼쳐진 작은 정원을 바라보았다. "솔직히 말씀드릴게요. 그 일로 완전히 위기에 처했어요. 완전히, 압도적인 방식으로 두려웠고, 어찌할 바를 몰랐고, 연약해진 기분이었어요." 그 감정의 영향으로 그녀는 평소답지 않게 행동하게 되었다. "아는 사람을 만나지 않으려고 숨어 지냈어요."

초기의 충격이 가라앉은 후 아야나는 예상하지 못한 충격에서 비롯된 더 큰 영향을 알게 되었다. "결혼생활을 빼면 저는 누구일까요?" 그녀는 다급하고 진지한 말투로 이야기했다.

"이번에는 이전보다 훨씬 깊게 영향을 미쳤어요. 예전에 겪었던 일과 겹치는 주제였어요." 아야나는 이전에 경험했던 혼란의 시기를 회상했다. 사고 발생 후 건강과 독립성을 되찾기까지 장기간 입원과 집중적인 회복 기간이 필요했다. 예전처럼 회복하기까지 거의 2년이 걸렸다.

그녀는 당시 스스로에게 던졌던 비슷한 질문을 떠올렸다. "회복을 빼면 나는 누구일까?" 두 경험 사이에 유사점이 있었다. "이번에는 이전과 달랐어요. 제 가치 체계에 큰 충격을 주었거든요. 이번에 결혼생활이 깨지는 큰 사건은 저에게 놀라운 기회를 가져다줬어요."

멋지게 반전된 상황을 기꺼이 이야기해주려는 그녀의 모습을 보고 나는 미소를 지었다. "결혼이 깨지지 않았다면 절대 발견할 수 없었을 거예요."

우리는 감정이 미치는 영향을 고려함으로써 감정을 통해 얻은 정보의 범위를 넓힌다. 감정의 영향력을 고려한다고 해서 그 감정이 마법처럼 사라지는 것은 아니다. 다만 영향력은 감정을 더 넓은 맥락에서 바라보게 한다. 이러한 방식으로 감정을 고려함으로써 우리는 생각, 신념, 행동에 미치는 감정의 힘을 차단할 수 있다. 또한 아야나가 회복과 이혼 사이의 유사성을 인식했듯 우리가 처한 상황에 대한 가시성可視性을 확보할 수 있다. 가장 중요한 것은 HAIL의 I, 영향을 통해 우리가 스스로에게 새로운 질문을 던질 수 있다는 점이다.

HAIL의 L, 배움

HAIL의 L, 배움은 존재하는 감정이 우리에게 주는 교훈을 생각하게 한다. 리베카는 내가 그녀의 경험에서 얻은 배움에 대해 이야기할 때 미소 짓고 있었다. "저는 항상 저 자신을 편집해요." 스물일곱 살의 리베카는 여러 방법으로 자신을 검열한다고 말했다. 이 행동은 단어 선택, 몸가짐, 옷차림에까지 스며들어 있었다.

리베카는 세계적으로 유명한 박물관에서 보조 큐레이터로 일했다. 우리는 그녀가 일했던 박물관 근처에 있는 맨해튼 센트럴파크에 있는 커피숍에 앉아 대화했다. 리베카가 최근에 연인과 이별한 후에 우리 모두 공통으로 아는 친구가 그녀를 나에게 소개해주었다.

"저는 제가 너무 과한 건 아닌지 너무 걱정돼요. **정직함**이 저에게는 진실이에요. 하지만 늘 지나치게 정직한 게 아닐까 걱정돼요. 그래서 저 자신을 검열하는 데 많은 에너지를 쏟죠."

한편으로는 이별이 좋은 선택이었음을 알고 있었지만 감정에서 벗어날 수는 없었다. "외롭고, 두렵고, 마음이 아프고, 슬퍼요. 너무 슬퍼요. 즐거운 순간을 함께 많이 했어요." 그녀는 6년간의 연애를 이렇게 설명했다.

"슬픔을 통해 어떤 점을 배울 수 있었을까요?"라고 그녀에게 물었다. 그녀는 우리의 대화가 자신의 감정을 자유롭게 털어놓을 수 있는 절호의 기회라도 되는 듯 이 질문에 짧게 한숨을 내쉬었다.

"제 슬픔이 마침내 완벽주의에서 벗어나라고 저에게 말하는 걸까요?

제가 완벽주의에서 벗어나야 한다는 걸 알아요. 끊임없이 필터링하느라 너무 지쳤어요! 누가 알겠어요? 제가 그 **어느 곳**에서도 '나다움'을 허락하지 않기 때문에 슬픈 건지도 몰라요. 제가 저 자신을 믿기는 하는 걸까요?" 리베카는 방금 자신이 한 이야기에 놀란 표정이었다. 그녀는 잠시 생각하는 듯하더니 어깨를 으쓱하고 말을 이어나갔다. "뭐, 이미 말을 꺼냈으니 그냥 계속해야겠네요."

"제가 저 자신을 좀더 신뢰했다면, 제 주위 사람들이 저와 저의 **정직함**에 대해 보다 긍정적으로 반응했을지도 몰라요. 모두에게 더 나은 상황이었을 수도 있겠네요."

리베카는 자신의 완벽주의가 다양한 영향을 미쳤다는 사실을 금세 깨달았다. "저와 직장 동료들만의 문제가 아니에요. 스콧과 헤어지게 된 원인이기도 했어요."

HAIL을 사용한 감정에 대한 배움은 리베카의 슬픔이 완벽주의의 부담으로부터 그녀를 해방해주었듯 감정 자체의 경험과는 정반대로 표현되기도 한다. 종종 우리는 스스로에게 질문을 던짐으로써 이러한 잠재적 연결 상태에 도달한다. 그 감정은 우리에게 무엇을 상징할 수 있을까? 그 감정이 생길 때 활성화되는 조건에 대해 우리가 알 수 있는 것은 무엇일까? 우리가 감정을 새로운 렌즈로 바라볼 수 있다면 감정은 우리에게 성장과 관련된 중요한 단서를 줄 수 있다.

이러한 식으로 감정을 깊이 생각하는 시간을 갖는 사람은 거의 없다. 솔직히 말해보자. 만약 당신이 나에게 직장에서 일이 잘 풀리지 않고 퇴근길에 '차를 빌리는' 사건이 있었던 날에 느꼈던 피곤함을 통해 무엇을 배웠는지 물었다면 아마 나는 황당한 표정으로 당신을 바라보았을 것이다.

앉아서 존재하는 감정에서 얻은 교훈을 갑자기 떠올리는 것은 많은 사람에게 어려운 일이다. 나는 여러 해에 걸쳐 나와 비슷한 범주에 속한 사람들을 위한 불교 명상법 '통렌Tonglen'에 의존하게 되었다.

가장 순수한 형태의 통렌은 호흡을 사용하여 주고받는 것에 집중하는 명상법이다. '들숨'에서 수행자는 자신과 다른 사람이 경험하는 모든 종류의 고통에 대해 생각한다. '날숨'에서는 보통 고통을 완화하는 방법에 집중한다.

변형된 통렌 명상법을 사용하여 HAIL의 배움 단계에 도움을 줄 수 있다. 들숨에서 감정을 생각하고, 날숨에서 그 감정을 전반적으로 다룰 수 있을지 생각해본다. 예를 들어 나는 들숨에서 내면의 강력한 저항의 형태인 슬픔이라는 지속적인 감정에 집중한다. 날숨에서는 슬픔을 경험한 사람들에게 삶의 기쁨을 가져다주는 방법에 집중한다. 이 연습을 통해 자기 자신에게 새로운 질문을 던져 슬픔에 대해 새롭게 이해할 수 있다. 이 변형된 통렌 명상법은 HAIL의 배움 단계가 어렵다고 느끼는 모든 사람에게 도움이 될 수 있다.

리플렉션 : 스스로 헤일링하기

이제 자신의 경험에서 느낀 감정을 다루는 데 HAIL을 사용하여 실험해보자. 이 리플렉션은 HAIL의 네 단계를 각각 보여준다.

1단계 : 인생에서 성장의 순간을 생각해보자. 이 경험을 설명하는 제목을 적어보자. 혁신적 길을 추구한 적이 없다면 인생에서 큰 변화가 있었던 어떤 시기든 자유롭게 사용한다.

예를 들어 리베카는 "나를 숨 막히게 했던 완벽주의에서 해방"이라고 쓸 수 있다.

2단계 : 존중

제목으로 적은 일이 일어났던 당시에 활성화되었던 감정에 이름을 붙여보자. 감정에 "나에게 분명 문제가 있어"와 같은 의미를 부여할 때를 주목하자. 떠오르는 생각을 가능한 한 많이 적어보자. 또한 자신이 적용하고 있는 의미 표현을 자유롭게 써보자.

3단계 : 질문

작성한 목록 중 감정 하나를 선택한다. 스스로에게 그 감정에 대해 질문한다. 이 감정의 존재는 당신에게 어떤 의미인가? 왜 그 감정이 지금 활성화되었나? 질문이 막히면 다음 예시 질문에 답해보자.

안녕[감정의 이름을 적는다. 예 : 불안]
여기 왜 있어?
왜 지금 온 거야?
이렇게 온 목적이 뭐야?
언제 온 거야?
얼마나 머무를 생각이야?
같이 온 다른 감정도 있어?
이번에는 지난번에 보았을 때랑 다른 점이 있어?

4단계 : 영향

이 감정이 당신에게 어떻게 영향을 미치는지 적어보자.

예를 들어 내 감정을 '슬픔'이라고 적었다면 다른 사람에게서 멀어지게 하거나 눈물이 나게 하는 등 나에게 영향을 미친다고 적을 수 있다.

5단계 : 배움

감정에서 무언가를 배울 수 있다고 상상해보자. 그 감정으로부터 무엇을 배울 수 있을까?

예를 들어 아야나는 자신의 감정으로 '연약함'을 꼽을 수 있다. 그녀는 남편의 이혼 선언으로 인한 충격을 견뎌낼 수 있는 자신의 능력이 이전의 회복 기간에 경험했던 때와 비슷하게 스스로 인정했던 능력보다 더 강하다는 것을 배울 수 있다.

통렌을 시도해보고 싶다면 다음 예시를 따라해보자.

- 편안한 자세로 앉아 몇 분간 방해받지 않고 숨을 들이쉬고 내쉰다.
- 몸속으로 들어가고 나가는 호흡을 관찰하는 것부터 시작한다.
- 들숨에서 자신의 감정에 대한 생각에 집중하고, 날숨에서 그러한 유형의 감정을 전반적으로 다루는 방식에 대한 생각에 집중한다.
- 이 단계를 2분에서 4분 동안 반복한다.
- 앞의 과정을 마치고 나면 5단계로 돌아가 질문에 다시 대답한다.

6단계 : HAIL을 사용하면서 관찰한 내용을 적는다.

리플렉션을 행동으로 옮기기

마흔 살의 애슐리는 힘든 상황에 처해 있었다. 그녀는 버지니아주 버지니아비치에서 아들, 남편, 시부모와 함께 대가족을 이루며 살고 있었다. 그녀는 집에서 소규모 기업을 위한 통신 사업을 시작하고 싶었다. 이 아이디어를 오랫동안 고민했는데, 남편의 재정적 부담을 일부 덜어주고 자신을 위해 무언가 할 수 있는 방법이라고 생각했다. 이 일은 그녀가 아들을 낳기 전에 하던 일과 비슷했다. 아들을 낳은 후로는 12년 동안 집 밖에서 일해본 적이 없었다.

자신의 감정을 존중하기 위해 애슐리는 피곤함, 자기의심, 외로움, 스트레스, 두려움, 희망 등 여러 가지 감정을 나열했다. "저는 지쳤어요. 감정이 고갈된 것 같아요. 평소에는 해야 할 일이 너무 많아서 다음을 생각할 여유조차 없어요." 그녀는 상황과 관계없이 많은 사람에게 익숙한 지속적인 피로의 무게를 드러내는 톤으로 말했다.

질문의 단계에서 애슐리는 두렵지만 일하기로 결정했다. 자신이 책임지고 있는 일에 파트타임 일을 추가할까 고민하던 중 일자리가 나타났다. "남편에게 필요한 것과 아이에게 필요한 것, 가정에 필요한 것을 충족시키고 나면 저 자신을 잃게 돼요." 두려움은 애슐리에게 많은 의미를 지닌다. "100퍼센트 성공했다고 느낀 적이 없어요. 그래서 두려워요. 더 많은 일을 감당할 수 있을까요?"

애슐리는 두려움이 자신에게 어떻게 영향을 미치는지 쉽게 알 수 있었다. "저는 다른 사람들이 어떻게 생각하는지 끊임없이 고민해요. 시도하고, 시도하고, 항상 시도하죠. 제 생각에 여자들은 다른 사람들을 기쁘게 해야 한다고 배운 것 같아요. 이런 말 하기 부끄럽지만, 저는 아직도…… 다른 사람을 기쁘게 하고 인정받고 싶은 욕망에 이끌리는 제 모습을 발견하죠. 정말 너무 힘들어요! 마흔 살에도 아직 이러고 있다니 믿을 수가 없어요."

HAIL의 배움을 통해 애슐리는 자신과 자신의 욕구를 새로운 방식으로 바라보게 되었다. "두려움이 저에게 다른 사람들의 생각을 들으려고 기다리지 말고 저 자신에게 귀를 기울여보라고 말하는 것 같았어요." 그녀는 잠시 쉬었다가 말을 이어나갔다. "가장 가까운 사람들에게 사업을 시작하겠다고 말하기란 어려운 일이에요. 물론 그들은 당신을 사랑하고 지지하지만, 그들의 사고방식은 당신의 사고방식과 다르기 때문에 비판적인 입장을 취할 수 있어요. 예를 들어 당신의 남편과 당신의 사고방식이 다르다면, 일부러 당신의 의욕을 꺾으려고 하지는 않겠지만 그렇게 될 수도 있어요." 애슐리는 자신의 아이디어를 실행에 옮기려면 우선 자신이 그 아이디어를 믿어야 한다는 것을 본능적으로 알았다. "일을 실행하도록 하려면, 먼저 꿈꾸는 것부터 시작해야 해요."

HAIL은 애슐리가 감정을 재구성하고 자신의 꿈의 중요성에 대해 새로운 질문을 던질 수 있도록 도와주었다.

헤일링 언플러그드

HAIL은 감정을 경험하는 '그 순간'에 사용하거나 감정이 활성화된 후 어느 시점에 '리플렉션'을 진행할 때 사용하면 유용한 방법이 될 수 있다. HAIL이 실시간으로 감정을 재구성하는 데 도움을 주었다는 점에서 최근 HAIL의 파워 유저가 된 것에 감사했다. HAIL이 없었다면 인정하고 싶은 것보다 훨씬 오랫동안 이 경험에 때문에 마음 졸였을 테고, 이러한 반응을 보이느라 에너지가 고갈되고 모든 종류의 업무와 관련된 또는 관련되지 않은 스트레스를 받았을 것이다.

코로나19 팬데믹 이전에 대형 상장 기업의 주요 인수합병을 위한 '인재' 통합을 주도하는 컨설팅 프로젝트를 맡은 적이 있다. 인수합병 과정에 여섯 명의 다른 임원이 참여했는데, 그중 여럿은 과거에 알고 지냈거나 함께 일한 적이 있는 사람들이었다. 우리는 영업, 사업 개발, 운영, 재무 및 관리, 연구 개발, 기술, 인재 등 각자 전문 분야를 담당하고 있었다. 하루는 해당 기업의 CEO와 CFO가 참석한 회의에서 하루종일 계획을 검토하고 해결되지 않은 문제를 해결했다.

기술(IT) 책임 임원인 피터는 프로젝트 내내 나에게 적대적이었다. 이 날도 예외는 아니었다.

회의는 이렇게 진행되었다.

피터는 어떤 분야에 대해 말할 때마다 담당자의 이름을 언급했다. 예를 들어 "잭은 IT 부서가 고객관계관리(CRM) 시스템을 통합하기 전에 해야 할 일이 더 많습니다"라는 식으로 말했다. 그런데 내 책임 분야인 인재 분야에 대해 언급할 때는 내 이름을 호명하지 않았다. 그는 내 이름 대신 '인재'라고 말했다. 예를 들어 "인재가 고르지 않은 느낌입니다" 또는 "인재는 여전히 그 문제를 해결해야 합니다"라고 말했다.

나는 그의 행동에 어이가 없었다. 아침이 지날수록 점점 더 화가 치밀었다. '감히 어떻게?'라고 혼자 생각했다. 피터는 고작 1미터 남짓 떨어진 곳에 앉아 있었는데도 나와 눈을 마주치지 않았다. '그것이 어떻게 가능한 일'인지 의아했다. 그 남자가 입을 열 때마다 분노가 치솟았다. 화를 자주 내는 사람이 아니어서 분노가 낯설고 다급하게 느껴졌다.

점심시간이 되었다. 점심은 한두 사람이 앉을 수 있을 만한 높은 테이블이 있는 옆 회의실에 제공되었다. 나는 카페 카트에서 델리 샌드위치를 하나 집어들고 창문 근처에 있는 테이블에 앉았다. 이메일 답장이라도 쓸 것처럼 노트북을 켜고 연출한 이 상황에 감사했다. 나 자신과 분노 사이에 거리가 필요하다는 것을 알았다. 그래서 점심식사가 끝나고 회의가 다시 시작되기 전에 분노를 재구성하겠다는 희망을 품고 HAIL을 사용했다.

내 마음속 대화는 이렇게 진행되었다.

나는 분노, 불신, 자기의심 등 드러난 감정을 **존중**한다. 더이상 무슨 말을 할 수 있을까? 그 사람이 내 존재를 인정하지 않아서 미칠 듯이 화가 났다. 한 번도 나와 눈을 마주치지도 않았다. 분노는 나를 놀라게 했다. 나는 쉽게 화를 내는 사람이 아니다. 불신은 분노와 함께 결합되어 있다. '어떻게 이런 일이 일어날 수 있지?'

자기의심이 안개처럼 조용히 밀려왔다. 의심을 넘어서려고 아무리 노력해도 분노 때문에 마음이 심란해지고 나약해졌다. 이 안개가 감정인지는 모르겠지만 나와 다른 사람들을 분리했다. 다른 사람들 눈에는 안개가 보이지 않았다. 오래 함께 일한 동료이자 대변자인 CEO 눈에도, 다른 사람들 눈에도. 이 분리된 느낌 때문에 자기의심이 더 짙어졌다. 내가 정말 이것을 보고 있는 것이 맞는 것일까? 그 남자의 행동에 너무 의미를 부여하고 있는 것은 아닐까?

나는 분노에 대해 스스로에게 **질문**했다. '왜 분노가 생겼을까?' '왜 여기에서?' '왜 지금?' 나는 순식간에 피터의 행동을 무례함과 연결했다. 나는 그 남자보다 훨씬 풍부한 경험을 가지고 회의에 기여했다. 나의 분노는 애써 이를 무시하려는 그의 태도와 관련 있었다. 흥미로운 해석이었지만 더 많은 무언가가 있다는 느낌이 들었다.

HAIL의 질문은 내가 의미를 유지한 채 분노를 다른 각도에서 고려할 수 있게 했다. 이 두번째 시도는 더 강력했다.

나는 무시당한다는 느낌과 눈에 보이지 않는다는 느낌을 빠르게 연결했다. 이 연결은 모순적으로 보였다. 나는 프로젝트에 중요한 기여를 하고 있었지만 피터가 말하는 기록에서는 지워졌다. 내가 느낀 분노의 의미에 대한 질문을 통해 나는 눈에 보이지 않는다는 느낌과의 연결이 나에게는 도화선임을 발견했다. 그 느낌을 받지 않고는 분노까지 이를 수 없었다. 눈에 보이지 않는다는 느낌은 나를 마음속 깊은 곳까지 괴롭혔다.

HAIL은 분노가 오전 동안 나에게 어떻게 영향을 미쳤는지 이해하는 데 도움을 주었다. 주의가 산만해져 대화 내용을 놓치고, 적극적인 참여에서 물러나고, 피터에게 불필요하게 화를 냈다. 이 마지막 부분은 나를 정말 가슴 아프게 했다. 내가 피터에게 쌀쌀맞게 대꾸하자 회의에 참석한 사람 모두가 공격적인 내 말투에 놀라 나를 흘끗 쳐다보았다. 딱 한 번 일어난 일이었지만 한 번으로 충분했다. 나는 이제 그들의 눈에 가해자처럼 보인다. 분노는 강력하고, 주의를 산만하게 하며, 내가 고용된 목적대로 기여하는 것을 방해하는 능력이 있었다.

배움은 내가 분노를 넘어 더 크고 현명한 사람이 되기를 요구했다. 분노로부터 무엇을 배울 수 있을까? 나는 분노가 어떤 식으로든 통제와 연결되어 있는지 궁금했다. '내가 지금 일어나고 있는 일이나, 심지어 피터의 잘못된 행동을 통제하지 못해서 화가 나는 것일까?' 이 질문은 옳지 않은 것 같았다.

다음으로 떠오른 감정은 분노와 반대편에 있는 상태인 연민이었다. '피터나 내 주변 사람들에게 연민이 필요한가?' 이 대목에서 약간 웃음이 났다. 나는 관대한 사람이지만 그러한 아침을 보낸 후 그를 향해 연민을 베풀 만큼 마음이 충분히 넓은지는 확신할 수 없었다. 그럼에도 불구하고 나는 연민을 버리고 싶지 않았다.

'나 자신에 대한 연민은 어떤가?' 이 질문에서부터 시작하면 나는 당연히 이곳에 속해 있고 가치 있는 공헌을 했다는 사실을 알 수 있다. 피터가 던진 미끼는 약해졌다. 나는 다른 사람들의 행동, 특히 피터의 행동을 받아들일 필요가 없었다. 자기연민이 중요하게 느껴졌다. 안개가 걷혔다.

몸의 긴장이 풀렸다. 잠시 숨을 좀더 편안하게 쉬었다. HAIL은 분노를 재구성하는 데 도움을 주었다. HAIL의 네 단계를 통해 **내가** 중요하다는 생각을 하게 되었다. 그는 나를 위한 무대를 만들어주지 않는다. **내가** 어떻게 보이는지는 **내가** 결정한다.

점심시간이 끝났다. 짐을 챙겨 옆방에 있는 내 자리로 돌아갔다. 델리 샌드위치는 먹지 않았다. 피터는 내 건너편에 자리를 잡았다. 그 사람이 어디에 앉아도 전혀 상관없었다. 남은 시간 동안에는 대화에 완전히 집중했다. 한번은 모든 사람이 대화에 자신의 아이디어를 제시할 만한 가상의 질문을 던지기도 했다. 회의가 끝나갈 무렵 나는 불과 몇 시간 전과는 전혀 다른 공간에서 확고하게 자리를 잡은 채 혼자 미소를 지었다.

회의실에서 나오는데, CEO가 다른 대화를 멈추고 나에게 다가와 말을 건넸다. "정말 멋진 대화였습니다. 와주셔서 감사합니다."

'정말 그랬다.'

HAIL의 체크 스텝

'체크 스텝'은 이 장에서 배운 내용을 당신의 변화의 여정에 접목하는 데 도움을 주기 위해 고안된 간단한 연습이다. 인큐베이터와 관련한 네 장이 끝날 때마다 체크 스텝을 하나씩 연습해보려고 한다. 기술 업계에서 광범위하게 사용되는 체크 스텝과 마찬가지로 이 연습은 이 장에서 배운 내용을 당신의 계획에 접목하도록 유도할 것이다.[2]

성장은 우리가 너무 커져버린 자기개념을 깨닫고 새롭게 정의된 정

2 체크 스텝은 중요한 관리 기법으로 활용된다. 기술 업계에서 새로운 제품은 수 개월에 걸쳐 만들어진다. 이렇게 오랜 기간 동안 대규모 팀들이 계속해서 효과적으로 작업하려면 매일 작업이 끝날 때 두 가지 목표를 달성하기 위해 체크 스텝을 실시한다. 첫째, 그날 개인이 완료한 모든 작업을 통합한다. 둘째, 여러 개별 참여자 작업의 잠재적 충돌 지점을 표시한다. 이 활동은 매우 중요한 성공 결정 요인 역할을 하며, 한 개발자가 이룬 획기적인 성과를 다음 영업일이 시작될 때 다른 사람들과 공유할 수 있다. 우리 활동에서도 이와 비슷하게 획기적인 성과를 얻을 수 있다.

체성 표현을 만들기를 권한다. 이 과정은 활기 넘치고 즐거운 과정이지만 이러한 변화에는 감정적 반응도 따라오기 마련이다. 인큐베이터의 감정 재구성은 우리가 이 감정을 다시 살펴볼 수 있도록 힘을 실어준다. 재구성은 우리를 제자리에 머물게 하려는 감정 욕구를 무력화할 뿐 아니라 성장에 도움이 되는 정보를 제공할 수 있도록 감정을 배치한다. HAIL이 없다면 우리는 감정의 저항에 빠져 앞으로 나아갈 수 없을 것이다. HAIL을 사용하면 존재하는 감정을 존중하고, 그 감정으로부터 배움을 얻고, 꿈을 향해 계속 나아갈 수 있다.

체크 스텝 : 우리의 완전함을 헤일링하기

1단계 : 변화의 여정을 인도하는 질문은 무엇인가? 참고로 5장의 리플렉션 2단계에서 같은 질문을 살펴본 적이 있다.

예를 들어 애슐리는 "집에서 어떤 유형의 비즈니스를 시작할 수 있을까"라는 질문을 할 수 있다. 애슐리의 이야기는 이 장의 '리플렉션을 행동으로 옮기기'를 참고한다.

2단계 : HAIL이 성장에 대한 당신의 생각에 어떤 기여를 했는가? 떠오르는 내용을 적어보자. 기억을 상기하기 위해 이 장의 리플렉션 6단계에서 했던 대답을 참고한다.

도움이 필요하다면 다음 질문들에 답해보자.

- 어떤 감정이 활성화되었는가?
- 혼란의 경험에서 감정은 어떤 의미가 될 수 있는가?
- 감정은 당신에게 어떻게 영향을 미치는가?
- 이러한 감정으로부터 배운 점이 있는가?

3단계 : 2단계에서 한 대답을 접목하여 성장 여정을 인도하는 1단계 질문을 수정해본다.

예를 들어 애슐리는 자신의 질문을 "나 자신과 내 꿈을 믿기 위해 어떤 변화가 필요한가?"라고 수정할 수 있다.

7 인큐베이터 : 기대 재설정하기

감정 재구성에 익숙해지면 자기감을 형성하는 데 기반이 되는 가정을 재정비하는 작업으로 시선을 돌릴 수 있다.

이혼 후 좌절에 빠진 암 생존자 도나와의 대화가 생생하게 기억난다. "이게 아니면, 뭘 해야 하죠?" 그녀는 자신이 수십 년 동안 해온 일과 자신의 존재 방식을 연결하며 질문했다. 도나는 캘리포니아 센트럴밸리 농촌 지역에서 자랐다. 그녀는 그곳에서 지금의 자신을 있게 한 특징을 뚜렷하게 형성했다. 바로 열심히 일하는 사람이라는 특성. 가족과 지역사회에 깊은 유대를 맺고 있는 충실한 사람. "정말 많은 일을 겪었어요. 암 투병하고, 가족을 꾸리고, 일하기도 하고, 쉬기도 하고. 이번에는 왜 이런 일이?" 도나는 반문하듯 말했다. 그녀는 결혼생활 실패에 대해 분노하고 절망했으며 자신의 삶에서 이전에 겪은 다른 혼란과는 전혀 다른 감정을 느낀다는 점에 당황스러웠다. "어느 방향으로 나아가야 할지도 모르겠어요."

이 장에서는 도나가 생각의 변화 때문에 힘들어했던 것처럼 기대가 자기개념에 어떤 역할을 하는지에 대한 논의를 시작한다. 우리 자신에 대해 갖고 있는 기대에 대해 알아보고 그 기대를 업데이트하는 것이 무엇을 의미하는지 파악해보려고 한다. 또한 수명이 다한 기대를 '내려놓기'에 대해서도 이야기하려고 한다. 전반적으로 정체성에 영향을 미치는 기대를 재설정할 기회를 맞기 위한 노력을 기울이려고 한다.

기대란 무엇인가?

우리가 스스로에게 갖는 기대는 우리의 생각과 행동을 지배하는 내면화된 신념이다. 기대는 우리의 생각과 감정, 기대와 행동 방식에 영향을 미친다. 우리가 괜찮은지, 안전한지, 행복한지, 성공했는지, 사랑받는지 판단하는 데 도움을 주는 내적 가드레일 역할을 한다. 성공적인 커리어처럼 우리가 알고 있는 기대는 많다. 반면 우리의 시야 밖에 있지만 행동에 적극적으로 영향을 줄 수 있는 기대도 있다. 이를테면 어린 시절에 배웠던 다른 사람을 대하는 방식에 관한 신념 등이다. 기대는 자동적으로 생겨나는 정체성의 기본 구조다. 우리가 언제, 어디서, 어떻게 기대를 활용할지 멈추어서 생각하는 경우는 거의 없다. 그렇지만 기대가 미치는 영향력이 절대적인 것은 아니다.

우리는 3장에서 자신에 대한 신념, 가치, 기대의 변화가 혁신적 성장 여정에서 핵심 역할을 한다는 점을 배웠다. 이러한 변화는 지금까지 우리가 논의했던 이야기에서 생생하게 드러났다. 베스 앤이 남편과 이혼한 후 결혼에 대한 자신의 신념에 직면했을 때, 아서가 다른 사람을 **본다**는 것이 어떤 의미인지에 대한 자신의 해석을 바꾸었을 때 드러났듯이 말이다.

혁신적 성장은 보통 게이트웨이 혼란의 여파에서 시작되며, 이는 최근 경험과 상충되는 오랜 신념 사이의 격차를 인식한 덕택이다. 이러한 격차에 대처하기로 한 결정은 개인적 변화의 기초가 되는 선택으로 이어진다.

기대의 변화

기대는 혁신적 성장의 모든 단계에서 중요한 역할을 한다. 기대는 성장 진행 상황에 따라 달라지는 다양한 정보로 형성된다. 3장의 '설명도'라는 절에서 이러한 변화에 대해 우리가 나누었던 논의 내용을 상기해 보자.

변화하기 전에 우리가 스스로에게 갖는 기대는 일반적으로 외부의 복합적인 영향을 받아 형성된다. 이러한 외부 영향은 가족, 출신 학교, 선택한 직업, 거주 지역 공동체, 종교적 소속, 인종 또는 민족 구성, 성별

등에 따른 기대를 반영할 수 있다.

초기 단계를 넘어 성장하면서 우리의 자기감은 점점 스스로를 정의하고 우리에게 가치와 의미를 더 많이 드러내는 보다 넓은 기대에 의존하게 된다. 이러한 기대는 우리가 성장함에 따라 재설정되고 우리를 본질과 진실에 가까워지게 한다.

우리가 스스로 정의한 기대에 영향을 받은 자기감을 넘어 계속 성장한다면 추가 정보에 의존하여 기대를 재설정한다. 이러한 정보는 개인을 뛰어넘으며 새롭게 재설정한 기대를 다른 모든 것과의 초월적 상관성에 건다.

우리의 기대와 그 기대를 설정하기 위해 사용하는 정보는 살아가는 동안 지속적으로 변할 가능성이 있다.

기대와 성장 과정

성장하는 동안 기대를 재설정하는 과정은 평탄하지 않을 수 있다. 영화 속 성장에서는 기대를 재설정하는 과정이 한 가지 기대를 버리고 다른 기대를 품는 식으로 마치 거래처럼 표현된다. 그러나 현실에서 기대 변화는 그다지 우아하지 않은 방식으로 발생한다.

성장 과정에서 어느 날 우리가 품는 기대에는 두 가지 유형의 기대가 융합되어 있다. 우리가 늘 갖고 있던 기대와 우리가 나아가는 방향에 있는 기대다. 초기에 융합은 미래를 살짝 포함하고 있을 뿐 과거에 기울어져 있다. 시간이 지나면서 우리는 새로운 기대가 더 중요하게 자리잡을 수 있는 길을 만들고 과거의 기대가 지닌 영향은 크게 줄인다. 이 변화는 우리의 자기감을 재설정하는 배경 역할을 한다. 내 연구에 참여한 사람들은 이러한 변화 과정을 혼란스럽고, 어렵고, 희망적이고, 포괄적이라고 묘사한다.

쉰여덟 살의 전업주부 패티마는 자녀가 떠난 후 빈 둥지에 남게 될지도 모른다는 가능성 때문에 매우 힘들어하고 있었다. 그녀는 오랫동안 지켜온 신념과 점점 커져가는 자신의 목소리에 더 부합하는 신념 사이를 오가는 것이 얼마나 어려운지 설명했다.

패티마와 남편은 둘 다 변호사였다. 그녀는 서른아홉 살에 막내딸이 뇌성마비로 태어난 후 직장을 그만두었다. "성인이 되어 처음으로 월급이나 직함, 갈 곳도 없이 지내기가 힘들었어요." 그녀는 당시를 회상하며 이렇게 말했다. "가족을 돌보느라 바쁘게 지내다보니 생각할 시간이 없었어요." 딸이 독립해서 떠날 예정이어서 패티마는 곧 빈 둥지에 남게 될 상황이었다.

패티마는 잠시 말을 멈추었다가 다시 이어갔다. "처음으로 나 자신에게 '무엇을 하고 싶은지' 질문했습니다." 그녀는 이 질문에 대답하는 것이 예상보다 훨씬 어렵다는 것을 알게 되었다.

"딸은 곧 성인 거주 시설에 들어갈 거예요. 모두 저에게 다시 변호사 일을 할 거냐고 물어봐요. 언젠가는 저희 딸과 비슷한 상황의 성인들을 위한 생활 환경을 더 많이 개발하는 일에 참여하고 싶어요. 그들을 위한 수요를 충족시키기에는 턱없이 부족한 상황입니다. 하루는 예전 동료였던 법률 회사 파트너와 점심을 먹으면서 그의 사무실에 합류하는 것에 대해 이야기했어요. 신이 났죠."

패티마는 '탁구 경기'라는 단어로 새로운 아이디어와 기존의 기대 사이에서 자신이 얼마나 빠르게 왔다갔다했는지를 설명했다. 이 기간 동안 그녀가 생각했던 '정답'은 끊임없이 바뀌었다. "저는 정말 다시 법조계로 돌아가고 싶지 않아요. 하지만 마치 세이렌의 노래처럼 저를 계속 끌어당기고 있어요."

앞으로 살펴보겠지만 인큐베이터는 정답을 고르는 것에 대해 걱정하기보다는 우리의 기대에 영향을 미치는 신념과 가치관에 집중하도록 유도한다. 이러한 방식으로 패티마가 했던 것처럼 결정하면 대단히 중요한 것을 이루게 된다. 즉 새롭게 확장되는 진실을 향한 여정을 시작하려는 열망을 감출 수 있는 여러 단계의 기대를 재검토하고 잠재적으로 재설정하게 된다.

기대를 재설정한 사례 연구

기대 재설정은 우리가 새로운 방향으로 나아가기로 결정한 이후에도 계속되는 과정이다. 패티마와 비슷한 상황에 처했던 패스칼도 이유는 달랐지만 이 사실을 알고 있었다.

"커밍아웃은 지친 상태에서 안도하는 상태로 나아가는 과정이었어요.” 마흔세 살의 패스칼은 남편과 함께 살고 있는 베이 지역의 밝게 페인트칠한 집으로 나를 초대하여 베란다에서 함께 커피를 마셨다. “기대에 부응하기 위해 내 모습이 아닌 다른 삶을 사는 데 지쳤어요. 그건 완전히 거짓이었죠. 이성애자의 정체성을 갖고 사는 것은 진짜 제 모습이 아니었어요.” 패스칼은 단호하게 말했다.

“누구에게 어떤 이야기를 했는지 계속 기억하는 데 지쳤어요. 거짓말하고 가짜 정체성으로 하던 이야기를 기억하려고 하다보니 정직하게 말을 이어 맞추기가 어려웠어요. 늘 정체성이 들통날까봐 살얼음판을 걷는 것 같았죠.”

“내가 만들어낸 이야기들 때문에 가족들은 특정 친구들을 만나지 못하게 했어요. 그래도 그건 제 본모습이 아니었죠.” 그는 한 가지 이야기를 들려주었다. “가족들에게 할 이야기를 지어냈어요. 대학교 1학년 때 만난 좋은 친구와 사귀는 관계라고 했죠. 그런데 그 여자친구가 방학 동안 샌프란시스코를 방문했던 거예요. 그러다가 저와 제 고등학교 친구들은 필모어 극장에서 그녀와 마주쳤죠. 그녀는 완전 쿨하게 저희를 알아보고 웃으면서 짧게 인사했죠. 그러고는 자기 친구들과 함께 자리를 옮겼죠. 아무도 알아채지 못했지만 저는 속으로 죽어가고 있었어요. 제 계략이 끝났다고 생각했어요.”

패스칼의 말은 적합하지 않더라도 기존의 정체성과 결부된 기대에서 벗어나는 데는 여러 층위가 있음을 드러냈다. “인식하기까지 오랜 시간이 걸렸어요. 동성애자라는 정체성과 관련된 다름을 인지하고 있었어요. 그 다름을 행동으로 옮기기 위한 준비를 해야 했어요. 아주 오랫동안 행동할 준비가 되어 있지 않았거든요. '지금은 때가 아니야'라고 스스로에게 반복해서 말했던 기억이 나요. 물론 그러다가 저 자신에게 '이제 더이상은 부인하지 않을 거야'라고 말할 때가 왔죠."

잘못되었거나 유효 기간이 지난 가정을 깨닫고 그 깨달음에 따라 기꺼이 행동한 패스칼의 경험은 모든 성장 경험에 대한 내 연구에서 개인의 상황과 관계없이 나타난 하나의 공통된 맥락이었다.

"커밍아웃은 준비의 문제입니다. '나는 이제 진정한 내 정체성을 당당히 말할 거야. 그래, 이게 나야. 이게 내 모습이야!'라고 말할 때가 됐어요." 패스칼은 이 한 문장으로 우리 모두에게 완벽하게 변화를 요약해주었다. 성장은 우리가 누구인지를 인식하고 받아들인 후 그 진실에 따라 기꺼이 살아가는 것이다.

이 간단한 문장에 여러 가지 재설정이 포함되어 있다. 우리는 스스로에 대한 기대를 인식하고, 그중 적합한 것을 골라내고, 관련성이 떨어지거나 수명이 다한 기대에서는 벗어나거나 기대를 낮추고 새로운 기대를 다시 상상한다.

기대 재설정은 자신을 다른 사람들에게 얼마나 드러낼 것인지에 관한 결정과 관련되어 있다. 패스칼의 경우 처음에는 자신에게, 그다음에는 친한 사람들에게, 그후에는 그런 내용을 들을 '준비'가 되었다고 생각되는 친구들에게, 그리고 직장 동료와 다른 사람들에게는 단계별로 커밍아웃하는 것을 의미했다. "이것은 매우 감정적인 문제입니다. 아직도 완전히 커밍아웃하지 않은 공동체도 있어요. 사람에 따라 다양한 단계로 커밍아웃을 하고 나니 상황이 더 복잡해졌어요."

나는 패스칼에게 자기개념의 기반이 되는 기대를 재설정하는 과정에서 느낀 점을 설명해달라고 부탁했다. "안전 문제라고 느꼈어요. 그 정체성에서 벗어나면 안전하지 못하다고 느껴요. 더이상 가족의 일원이 아니거나 쫓겨나게 될 수도 있어요. 아니면…… 뭔지는 몰라도 정말 두려웠어요."

패스칼의 두려움은 안정적이고, 익숙하고, 잘 확립된 정체성의 전부 또는 일부에서 벗어날 생각을 할 때 우리 모두가 경험하는 감정의 상징이다.

더이상 맞지 않는 기대를 인식하고 그것에서 벗어난다고 해서 끝나는 것이 아니다. 그다음에는 우리 자신에 대한 새로운 기대를 수립하는 과제를 안게 되는데, 이 과정 자체가 여러 층위로 이루어져 있다.

패스칼은 계속 이어서 말했다. "일단 기존의 기대, 제 경우에는 이성애자와 관련한 기대에서 벗어나면서 전혀 알지 못했던 새로운 정체성의 세계가 열렸기 때문에 더 많은 다양한 층위의 기대가 생겨났습니다. 제가 이성애자로서의 정체성을 넘어선 게 문제가 아니라, 동성애자가 되고 동성애자 공동체의 일부가 된다는 것이 어떤 의미인지가 중요했습니다." 그는 잠시 말을 멈추었다가 다 안다는 듯 웃으며 말했다. "작은 걸음부터 내디뎠어요. 문을 아주 조금 열었죠. 스스로에게 내가 알맞은 곳에 있는지 물었어요. 그리고 다음 단계로 가기 전에 반응을 보려고 기다렸죠." 그는 이 과정이 기대를 재설정하는 데 꼭 필요하다는 것을 알았다. "시간이 지나면서, 이 작은 걸음들이 지금은 제 정체성의 근간을 이루는 기대를 더더욱 명확하게 하는 방향으로 이끌었죠."

놀랍게도 이 과정에서 패스칼은 완전히 혼자였다. "가족들이 놀려대던 화려한 동성애자 남성은 제 모습이 아니에요. 저는 제 주변 사람들이 가진 가정에서 벗어나 이 새로운 세상에서 '내가 누구인지'를 스스로 정의해야 했어요. 스스로 정체성을 찾아가면서 가족들의 편견을 없애야 한다는 사실을 알았을 때 가족들과 이 사실을 공유할 수 없었기에 이 과정은 저를 훨씬 더 고립시켰어요."

감정은 우리가 이러한 과정으로 나아갈 때 우리를 안전하게 지키기 위해 동원된다. 패스칼도 영향을 받았다. 그의 감정은 자기의심에 불붙였다. "내가 올바른 결정을 내렸을까?" 패스칼은 이 기간 동안 연속해서 반복되었던 내면의 대화에서 이렇게 질문했다. 그는 다음과 같이 말을 이었다. "확인을 위해 이제 막 떠났던 세상은 돌아보지 않습니다. 새롭고 낯선 세상을 향해, 제 경우에는 동성애자들의 세상을 바라봅니다. 이제 막 발을 들여놓은 동성애자의 세상은 크고, 이제 막 떠나온 세상만큼이나 분화되어 있더라고요. 제가 어디에 어울릴지 감을 잡기 위해 계속해서 실험하는 중이에요. 스트레스를 받기도 하지만, 동시에 흥미로운 여정이에요."

패스칼의 이야기는 혁신적 성장을 추진할 때 따르는 기대 재설정의 과정을 잘 보여준다. 처음에는 기존 정체성과의 관계를 재정립해야 하는 힘든 과정에 집중한다. 이 과정에는 너무 오랫동안 매달려왔던 어울리지 않는 정체성을 포함한 기존의 정체성에 대한 인식을 높이고, 개선하고, 일부는 유지하거나 완전히 없애는 작업이 포함된다. 이 단계를 거치고 나면 그만큼이나 똑같이 어려운 상황에 다시 처하게 된다. 이번에는 다른 공간에서 정체성을 형성하게 되는데, 패스칼의 경우 동성애자로서 자신에 대한 새로운 기대를 설정해야 했다.

우리는 자신을 변화시킬 때 자기감을 확고히 하는 혼합된 기대를 처리하면서 그 과정을 계속 반복한다. 기존의 기대를 깨닫고, 개선하고, 잠재적으로는 그 기대에서 벗어나고, 새로운 기대를 상상하고, 형성하고, 시험하고, 그 기대와 함께 살아가기 시작한다. 이 재설정은 정상적인 성장 주기며, 자신에 대해 폭넓게 질문하고 자기정체성을 더 깊이 이해할 수 있게 한다.

모순된 기대

오랫동안 갖고 있던 기대에서 벗어나면 한동안 불안정함을 느끼게 된다. 이 문제를 해결하기 위해 우리는 반사적으로 앞으로 나아가거나 뒤로 물러나서 비록 일시적이더라도 안정성을 확보하려고 한다. 우리는 종종 일시적이거나 잠정적인 기대를 수용하여 안정감을 얻는다. 패스칼은 새로운 세계에 대한 시야를 넓히면서 한동안 일시적인 기대로 작은 실험에 의지했다.

패스칼의 접근 방식과는 대조적으로 내 연구에 참여한 대부분의 사람은 일시적 안정감을 위해 예전의 자기개념을 되돌아보았다. 그들은 기존에 가졌던 정체성 표식에 의지했고 이 선택 때문에 앞으로 나아가고자 하는 열망이 복잡해지고 골치 아파졌다.

당신이 이전에 프로 운동선수로 돈을 벌었던 신입 교사라고 상상해보자. 교육 분야에 첫발을 내디뎌 성공의 의미를 파악하느라 고생하고 있을지도 모른다. 무엇을 기대해야 하는지 명확히 알지 못하면 어느 정도의 안정감을 확보하기 위해 이전의 수입이나 매일 운동하는 시간 등 기존의 가정에 의지한다. 이 회고적 접근 방식은 새로운 교직세계가 수입이 훨씬 적고 운동량도 많이 줄어들었기 때문에 초기에는 실패한 것처럼 느껴질 수 있다는 점에서 위험하다. 교사를 하겠다고 의식적으로 선택했다고 해도 모순된 기대 때문에 불안정한 상태가 되고 자신에게 불리하게 작용할 수 있는 감정에 휩쓸리기 쉽다.

22년간 남부 캘리포니아에서 근무했던 귀화한 멕시코계 미국인 간호사 폴렛은 성장하면서 잠정적인 기대를 찾기 위해 예전을 돌아보았다. "저는 기업가가 되기로 결심했어요." 그녀는 복잡한 가정 간호가 필요한 노인이 있는 가정을 돕는 데 집중하기로 한 자신의 결정에 대해 이렇게 말했다. 그녀에게는 스스로 사업을 시작해야 할 충분한 이유가 있었다. 폴렛은 수십 년간 관리자급 간호사로 근무했으며 이후에는 지역 병원의 간호 감독관으로 일했다. "매 순간 동료들, 환자들과 일하는 것이 정말 좋았어요." 그녀는 열정적으로 말하다가 말투가 약간 우울해졌다. "솔직히 말해서 점점 힘들어졌어요. 병원이 몇 번이나 조직 개편을 했는지 셀 수도 없어요." 조직 개편이 있을 때마다 구조 조정도 뒤따랐다. "때가 됐다는 걸 알았죠." 그녀는 확신에 찬 말투로 이야기했다.

사업 초기에는 계획대로 진행되지 않았다. "기존의 업무 방식을 새로운 비즈니스에 적용했어요. 하루에 12시간에서 14시간 동안 일하고 많은 직원과 소통하면 성공인 것처럼 계속 사업을 운영했어요. 오래된 신념과 구조를 통해 저 자신을 평가했어요." 20년이 넘는 경력을 쌓았는데도 그녀는 이렇게 고백했다. "저 자신이 새로운 역할을 감당하기에 부족하고 부적합하다고 느꼈어요. 그 생각에 너무 사로잡혀서 고객과의 중요한 마감일을 놓치거나 인력 수요를 맞추기 위해 허둥지둥했죠."

'오래된' 기대를 '새로운' 기업가적 모험에 적용하면 문제가 된다는 사실이 증명되었다. "회사를 시작하기로 결정한 후에도 저의 새로운 자아를 부정하는 기간이 있었어요."

당신은 성장 시기에 앞으로 나아가거나 뒤로 물러선다는 것을 인지하고 있는가? 이 역학을 인식하는 것이 성공의 핵심적인 부분이다. 모순된 기대의 위험을 인식하면 운영 방법을 다르게 배울 수 있다. 폴렛은 새롭게 발견한 이 관점을 통해 용기를 얻었다.

"처음에는 오래된 기대를 새로운 기대에 적용하고 있다는 사실을 깨닫지 못했어요. 실패한 것 같았죠. 이전의 신념과 구조가 저와 함께 새로운 길까지 이어져 있었어요. 아마도 익숙했을 테고, 모든 새로운 것에 뒤따르는 불편함에 대처하는 데 도움을 주었던 것 같기도 해요." 이러한 행동을 인지했을 때 폴렛은 자신의 생각을 새롭게 재구성하고 자신의 기대와 직접적으로 대화할 수 있게 되었다. "이제 이렇게 말할 수 있었어요. '하, 이제 네가 보여!'"

우리 자신에 대한 기대를 인식하는 것은 변화에 강력한 원동력이다. 이를 통해 우리는 자신에 대한 기대를 새로운 방식으로 받아들이고 성장이 정체성의 핵심에 놓인 기대를 재검토하려는 의지와 함께한다는 사실을 배운다.

리플렉션 : 당신의 기대

스스로에게 어떤 기대를 갖고 있는가? 당신에게 도움이 되는 기대가 무엇인지 찾을 수 있는가? 당신을 망설이게 하거나 당신의 꿈을 방해하는 것이 있는가? 리플렉션을 통해 자신에게 효과가 있는 기대 재설정을 시작해본다.

1단계 : 자신에 대해 어떤 기대를 갖고 있는가? 대답하기 쉽지 않다면 다음 예시 문장의 뒷부분을 완성해본다. 이 문장은 기대에 대한 당신의 인식을 높이는 데 도움이 될 수 있다.

1. 나는 행복해질 것이다. 만약…….
2. 나는 사랑받을 것이다. 만약…….

3. 나는 성공할 것이다. 만약…….

4. 나는 마음이 편안할 것이다. 만약…….

5. 나는 의미 있을 것이다. 만약…….

6. 나는 정직할 것이다. 만약…….

7. 나는 힘을 얻을 것이다. 만약…….

8. 나는 안전할 것이다. 만약…….

9. 나는 희망을 갖게 될 것이다. 만약…….

10. 나는 괜찮을 것이다. 만약…….

11. 나는 '해낼' 것이다. 만약…….

2단계 : 당신이 기대한 것 중에 변화가 있거나 더이상 도움이 되지 않는 것이 있는가? 1단계에 적은 목록 중에 해당되는 것이 있다면 동그라미를 친다.

3단계 : 가장 소중하게 생각하는 기대에 기대와 연관된 가치관과 신념을 잠시 생각해본다. 마음에 떠오르는 내용을 적어본다.

예를 들어 패스칼의 새로운 기대에는 동성애자 공동체에서 성공적인 비즈니스 리더가 되는 것이 포함되어 있을 수 있다. 그는 이 기대가 평생 정체성의 일부였던 봉사와 공동체에 관한 신념의 확장이라고 말한다.

남부의 대형 대학교에서 지질학자로 근무했던 마흔두 살의 에마는 혼란과 관련한 두 가지 기대를 재빨리 확인했다. 가족을 꾸리고 싶은 욕망과 어떤 경력을 쌓아가야 할지에 대한 생각이었다.

"하나의 꿈을 갖고 시작했어요. 늘 가족을 꾸리고 싶었거든요. 그러다 제 첫번째 꿈이 이루어지지 않을 거라는 슬픈 깨달음을 얻었죠." 그녀는 차분한 말투로 털어놓았다.

에마는 대학 시절 사귀던 남자친구와 결혼하고 남편이 근무하는 대학에서 일하기 시작했다. "아버지가 중서부에 있는 작은 사립대학에서 교편을 잡으셨기 때문에 학계를 좋아했어요."

에마는 30대 초반에 임신하면서 인생의 새로운 국면을 시작하게 되어 뛸 듯이 기뻤다. 안타깝게도 그녀는 임신 34주 만에 유산했다.

"바로 그 전날까지 임신 상태였는데, 그다음날에 임신이 아닌 게 됐어요. 아기가 없어졌죠. 무슨 말을 해야 할지 아무도 몰랐죠." 그녀의 목소리가 떨렸다. 우리는 둘 다 잠시 말을 멈추고 그녀가 겪은 깊은 상실을 받아들였다.

에마 부부는 큰 충격을 받았다. 슬픔에 휩싸였지만 가족을 꾸리겠다는 결심은 흔들리지 않았다. 두번째 임신은 쉽게 되지 않았다. 에마와 남편은 힘든 불임 치료 과정을 시작했다.

"임신을 시도할 때마다 정말 힘들었어요. 오랫동안 감정 변화가 심했죠. 제 인생은 9개월 간격으로 시작과 멈춤을 반복했어요." 에마는 잠시 쉬었다가 말을 이었다. "의사들은 몰라요. 스트레스를 줄이라는 등 여러 이야기를 하죠. 일부러 그러는 건 아니지만, 의사가 한 말을 내면화하지 않기가 어려워서 스스로를 비난했죠."

에마는 스트레스를 줄이기 위해 직장을 그만두었다. 감사하게도 직장 동료들이 연구를 지원하는 자문 프로젝트를 맡겨주어 독립적으로 일할 수 있도록 도움을 주었다. 1년 후 그녀는 사업체를 설립하여 자신이 하던 일을 공식화했다.

"제 계획에는 없던 일이었어요. 학계에서 떠나면서 자유를 느꼈지만, 바로 두려워졌죠. 그 조직 밖에 있는 제 모습을 상상해본 적이 없었어요. 새로운 사업을 시작한다? 저로서는 상상조차 할 수 없는 일이었죠."

어느 날 아침 출근 준비를 하던 중 에마는 불임 치료를 그만두겠다고 선언했다. "이 정도면 됐어. 우리 입양하자." 일곱 번의 임신 시도와 추가로 세 번의 유산을 더 겪고 난 후 비로소 에마는 부모가 되고 가족을 갖는다는 의미에 대해 처음에 가졌던 기대에서 벗어날 준비가 되었다.

"입양을 결정하고 난 후로는 부모가 되는 것에 대한 저의 가정을 다시는 의심하지 않았죠. 저희는 우리 딸과 우리 가족의 삶을 사랑해요. 사업에서는 아직 제 기대가 유동적이에요. 이미 여러 해 동안 사업을 했는데도 사업가로서 제 모습을 상상하기가 정말 힘들어요. 기업가로서 확신이 없어요. 여전히 제가 아는 것이 없는 영역에서 사업하고 있어요. 힘든 일이죠."

인식과 눈에 보이지 않는 기대

이러한 리플렉션은 우리의 기대와 그 밑바탕에 깔린 신념과 가치관에 접근하는 데 도움이 될 수 있다. 패스칼이 동성애자임을 인식했던 것이나 에마가 초기에 부모가 되고 싶어했던 욕구 등과 같이 우리가 인식하고 있는 기대는 눈에 보이고, 뿌리 깊고, 융통성이 없어 보인다.

영향력은 크지만 실제 경험에서는 비가시적인 기대에 대해서는 아직 논의하지 않았다. 이러한 기대는 마음속 깊이 자리잡고 있다. 심지어 그 뿌리는 어린 시절까지 이어져 있고 보통은 우리의 인식 밖에서 작동한다. 인큐베이터는 우리가 여정을 시작할 때 잘 인식하지 못하는 이러한 기대에 접근할 수 있도록 도움을 줄 수 있다.

나의 여정에서 인큐베이터는 인식 기술을 사용하는 능력을 키워주고 이전에 알지 못했던 기대에 접근할 수 있도록 도움을 주었다. 새로운 가시성을 통해 나는 나 자신에 대해 폭넓고 보다 정보에 바탕을 둔 질문을 할 수 있게 되었다.

아주 어렸을 적, 아마 일고여덟 살쯤 동네에서 열린 탤런트 쇼에 나갈 준비를 했던 기억이 있다. 이웃에 살던 여러 명의 어린 여자아이와 함께 쇼에 대한 아이디어를 모았다. 우리가 선택한 장소는 완벽했다. 그곳에는 우리가 예상한 많은 관객을 위해 꼭 필요한 긴 벤치가 있는 두 개의 야외 테이블이 있었다.

또래의 다른 어린 여자아이들처럼 나는 노래하고, 춤추고, 공연하는 것을 좋아했다. 공연이 있던 날 오후에 나는 내 방에서 빙글빙글 돌면서 춤과 노래를 연습하고 있었다. 제대로 보여주고 싶었다. 나는 기를 쓰고 얻어냈던 〈사운드 오브 뮤직〉 음반에 있는 노래를 골랐다.[1] 1971년 당시 그 사운드트랙은 내 또래 젊은이들에게 큰 유행이었다. 나는 케이스에 분홍색과 파랑색 사랑과 평화flower-power('flower-power'는 1960년대와 1970년대 초반 수동적 저항과 비폭력을 상징하는 심볼로 사용되었다—옮긴이) 디자인이 되어 있는 휴대용 레코드플레이어로 음악을 틀고 완벽하게 준비하기 위해 계속해서 연습했다. 목이 터져라 노래를 불렀다. 더없이 행복했다.

"음악 꺼!" 화가 나서 폭발한 엄마의 목소리가 들렸다. "대체 뭐 하는 거야?" 엄마는 내 방문 앞에 올 때까지 소리를 질렀는데, 방문 앞에 선 엄마의 모습은 마치 액자 같았다.

"탤런트 쇼 연습하고 있어요." 나는 당황했지만 여전히 들뜬 모습으로 대답했다.

"세상에 이렇게 창피했던 적이 없었어." 엄마는 퉁명스럽게 말했다. "카라 씨하고 뒤쪽에서 차를 마시고 있었다고." 엄마는 동네 사람들이 자주 모여서 대화하며 소식을 나누던 우리집 뒤편 정원을 이야기하고 있었다.

1 〈사운드 오브 뮤직Sound of Music〉 음반(LP)은 동명의 뮤지컬을 녹음한 음반이다. LP는 Long Play의 약자다. 30.5센티미터짜리 음반은 33 1/3rpm의 속도로 재생된다. 이 음반은 1965년 줄리 앤드루스Julie Andrews와 크리스토퍼 플러머Christopher Plummer가 주연한 영화의 음악이 수록되어 있다. https://www.sound-of-music.com/sound-of-music/the-movie/.

엄마는 트윈 침대 사이 공간에 내가 만든 댄스 플로어에 놓인 휴대용 레코드플레이어와 나를 무시하듯 쳐다보았다.

지금까지도 나는 엄마가 그날 창피해한 이유를 정확히 모른다. 확실한 것은 내가 탤런트 쇼에 참가하지 못했다는 사실이다. 대신 임시 무대에서 꽤 떨어져 있고 야외 테이블 벤치에서도 훨씬 뒤쪽에 놓인 접이식 의자에 앉아 엄마 옆에서 친구들이 노래하고 춤추는 모습을 보아야만 했다.

그날 참가 금지당했던 일은 어린 시절의 다른 많은 기억과 쉽게 연결할 수 있는 수치심의 한 형태였다. 그 수치심은 내가 일찍부터 반항적이었던 것과도 연결할 수 있다. 어쩌면 이웃집 마당에 앉아 있던 그 순간에도 반항심이 싹텄는지 모른다.

이 경험에 대한 인식은 내가 갖고 있는 기대에 대해 새로운 질문을 던지는 데 도움을 준다. 내 모습 그대로여도 괜찮은 곳은 어디인가? 내 행동 중에 창피하거나, 부적절하거나, 선을 넘었다고 생각하게 되는 행동은 또 어떤 것이 있는가?

많은 인큐베이터 과정이 그렇듯 우리의 질문에 대한 대답의 정확성은 알 수 없다. 그렇지만 내가 내 모습 그대로 괜찮은지 질문했던 것처럼 질문 자체가 대답보다 훨씬 강력한 힘을 갖고 있음을 알아가도록 도움을 주고 싶다.

여정을 시작했을 때는 어디에서, 어떤 상황에서 내 모습 그대로 괜찮은지 알아보려는 생각은 없었다. 하지만 이 새로운 질문들을 보면서 그것이 옳다고 믿게 되었다.

혁신적 성장은 전구가 켜지는 것처럼 한순간에 이루어지기보다는 때로는 보이지 않지만 우리를 방해하고 있는 기대를 인식하는 것에 가깝다. 엄마가 왜 나 때문에 창피해했는지 영영 알 수 없을 수도 있다. 하지만 그 기억의 영향을 받아 더이상 제약받고 싶지 않다는 사실은 안다.

기대에 대한 체크 스텝

기대를 재설정하면 기대에 대한 인식과 기대를 설정하기 위해 사용한 정보에 대한 인식을 높일 수 있다.

성장을 통해 우리는 스스로에 대한 기대를 재설정하고 개선하여 더 이상 도움이 되지 않는 기대를 인식하고, 흥미진진한 앞날을 안내할 수 있는 새로운 기대를 설정할 수 있다. 이 과정은 우리가 변화하는 동안 계속해서 반복된다. 실제로 내 연구에 참여한 사람들 대부분은 여정을 시작할 때는 자신의 한 측면에만 집중했다가 자기정의를 설정하는 여러 층위의 기대를 점점 더 많이 재검토하기 시작했다. 다음 장에서는 변화하는 기대를 반영한 새로운 자기개념을 형성하는 방법에 대해 이야기해 보려고 한다.

다음 장으로 넘어가기 전에 시간을 내어 다음 체크 스텝을 따라해보자. 이 짧은 연습을 통해 얻을 수 있는 통찰력에 놀라게 될지도 모른다.

체크 스텝 : 기대 재설정

1단계 : 6장 '체크 스텝 : 우리의 완전함을 헤일링하기' 3단계에 썼던 질문을 다시 써본다.

2단계 : 당신의 성장에서 기대는 어떤 역할을 하는가? 마음속에 떠오르는 생각을 문장으로 쓰거나 그림으로 그리거나 콜라주를 만들어 본다.

예시 질문이 도움이 된다면 잠시 시간을 내어 다음 질문에 답해보자.

1. 자신에 대해 어떤 기대를 갖고 있는가?
2. 변화가 있거나 더이상 유용하지 않은 기대가 있는가?
3. 당신을 방해하고 있는 기대가 있는가?
4. 이 성장 여정의 일환으로 스스로에게 설정할 수 있는 새로운 기대는 무엇인가?

3단계 : 자신에 대해 알게 된 사실과 갖고 있던 기대를 신중하게 통합하여 1단계에 쓴 답을 다시 작성한다.

8

인큐베이터 : 정체성 재해석하기

"나는 누구인가?" 우리는 종종 직업이나 인간관계, 신체적 능력과 같은 익숙한 정체성 표지의 부재를 느낄 때 스스로에게 이러한 질문을 한다.

"이별 후의 나는 누구인가? 오랫동안 내 존재의 큰 부분을 차지하고 있던 이 직업을 잃게 되면 나는 누구인가? 나에게 익숙하던 일을 신체적으로 더이상 할 수 없게 된다면 나는 누구인가?"

이와 같은 질문을 스스로 해본 적이 있는가?

인큐베이터의 다음 방법은 이러한 질문을 사용하여 새로운 관계를 만드는 데 도움을 준다. 이를 통해 우리는 새로운 자기개념을 만들고 명확히 하게 된다.

나는 이 방법의 효과에 놀랐다. 많은 사람이 그렇듯 나는 새로운 형태의 자기정의가 전구가 켜지듯 한순간에 나타나거나, 복권에 당첨되거나, 선택적 교육 프로그램에 합격하는 등 예상하지 못한 일이 발생한 직후에 생겨난다고 믿었다.

하지만 내가 배운 것은 뚜렷하게 달랐다. 새로운 자기정의를 생성하는 데 가장 한결같이 신뢰할 수 있는 방법은 우리 자신에 대한 이야기에서 정보를 얻고 그 이야기에서 우리의 진실이 어떤 역할을 하는지 재조정하는 것이다. 따라서 이 장에서는 스토리텔링에 대해 알아보고 자신의 목소리를 높이는 방법을 배울 것이다.

새로운 이야기 구조

성장하면서 우리 자신에 대한 이야기는 새로운 자기개념을 발견하는 플랫폼 역할을 한다. 우리의 이야기는 다음에 해야 할 일을 알아내는 데 도움을 주는 어려운 역할을 해낼 수 있다. 이를 위해 인큐베이터는 새로운 이야기 구성을 받아들여야 한다.

누군가에게 자신을 처음으로 소개해야 하는 상황이라고 상상해보자. 가장 먼저 인생의 사건이나 상황을 순서대로 이야기하려는 생각이 들까? 만약 그렇다면 당신만 그런 것이 아니다. 연대기 방식은 내 연구에서 가장 흔하게 볼 수 있는 이야기 구조다.

연대기 방식의 이야기 구조가 흔하기는 하지만 성장 과정에서는 불리하게 작용할 수 있다. 이 방식을 사용할 경우 이야기가 끊기면 듣던 사람들도 멈추게 되고 불확실성이 강조된다. 불안정한 시기에 사람들이 연대기 구조의 익숙함을 찾는 것은 놀라운 일이 아니다.

연대기 방식의 이야기에 의존하면 위안이 되기는 하지만 위험성도 있다. 우리는 우리의 이야기를 듣는 첫번째이자 가장 중요한 청중이다. 우리는 이 이야기와 이야기에 담겨 있는 메시지를 내면화한다. 따라서 불확실성을 강조하는 이야기에 의존하는 것은 아주 서서히 우리에게 불리하게 작용할 수 있다.

인큐베이터를 사용하여 연대기적 이야기 구조에서 벗어나 우리에게 가치와 의미가 있는 구조로 바꿀 수 있다. 여기서는 이 구조를 **가치 기반** 구조라고 부를 것이다.

이야기 사례 연구

세 자녀를 둔 마흔여덟 살의 무직인 캐슬린은 연대기적 이야기 구조에서 가치 기반 구조로 방향을 바꾸면서 자신의 자기개념이 발전하는 모습에 놀랐다.

나는 자리에 앉으면서 캐슬린에게 자기소개를 해달라고 부탁했다. "저는 성공적으로 살아왔어요. 유명한 생명공학 회사에서 26년 동안 일했어요. 가장 큰 제품 라인의 애널리스트로 시작하여 영업으로 자리를 옮겼고, 이후에는 가장 큰 제품 라인 내에 있는 두 개의 사업을 시작해달라는 요청을 받았죠. 완전히 전념했어요. 오해하지는 마세요. 힘든 일이었지만, 정말 좋았어요. 휴가를 휴가답게 쓰지 못해도 괜찮았어요. 그곳에서 일하는 동안 매 순간 행복했어요." 그녀는 잠시 말을 쉬었다가 계속 이어갔다. "성공하면 새로운 사업들을 다시 통합할 계획이었어요." 그녀는 웃으며 말했다. "무슨 말을 하겠어요? 당연히 성공했죠!" 하지만 성공은 좋기도 했지만 슬픈 일이었다. "사업을 다시 통합하게 됐고, 제 직책은 사라졌죠."

"제 인생의 1막은 훌륭했어요. 정말 자랑스러워요. 하지만 2막은 전혀 다르게 보이길 원해요. 경제적으로 현명한 일은 1막에서 했던 일을 이어서 하는 거죠. 제가 훈련받은 분야니까요. 하지만 2막은 1막과 전혀 다른 모습이길 원해요. 2막이니까요." 잠시 생각한 후 그녀는 말을 이어갔다. "지금까지 이루어놓은 성과가 너무 자랑스러워 인생 2막에서는 무슨 일을 해야 할지 고민중이에요. 저는 제 링크드인LinkedIn 프로필을 정말 좋아해요. 영원히 얼려버리고 싶어요." 그녀는 진심어린 눈빛으로 나를 바라보며 물었다. "다음에는 뭘 해야 할까요?"

나는 캐슬린에게 자신의 새로운 상황에 대해 어떻게 생각하는지 말해달라고 했다. "저는 계획을 세우는 사람이에요. 이 상황은 낯설고 두려워요. 전력을 다해야 하는 상황이죠. 선택해야 할 것이 너무 많아 저 자신을 정의하기가 더욱 어려워요."

나는 무슨 말인지 안다는 듯 웃으며 그녀가 소중히 여기는 가치가 무엇인지 물었다. "다른 사람들을 위해 기회를 만드는 일을 항상 좋아했어요." 그녀의 대답을 듣고 나는 그 가치라는 렌즈를 통해 자신을 다시 한

번 소개해달라고 부탁했다.

"저는 세 명으로 시작해서 350명이 일하는 조직으로 성장한 새로운 사업팀을 이끌었어요. 저는 다른 사람들을 위한 기회를 만드는 일을 좋아해요. 그런 성향 때문에 이 리더십 역할을 맡게 됐고, 새로운 사업을 구축하고 조정하는 일에 성공하며 실적을 쌓았죠. 매 순간이 행복했어요. 그 일이 저를 완전하게 채워줬어요. 이 기술을 새로운 방향으로, 가능하다면 기업 외부의 방향으로 이끌어갈 수 있는 가능성에 흥분돼요."

이 말을 마치고 난 그녀의 표정에는 놀라움이 가득했다. 극명한 차이를 보여주는 소개였다. 두번째는 불확실성에도 불구하고 낙관주의와 흥분에 관한 이야기였다.

"다른 사람들을 위한 기회를 만든다는 이야기를 하면서 놀랐어요. 이런 식으로 이야기하니까 제 상황에 대한 불확실성에 대해 신경이 덜 쓰여요. 이 이야기를 들으니까 제가 지금 처한 위기보다 큰 사람이라는 생각이 들어요. 전에는 하지 못했던 대화를 시작하게 되네요."

캐슬린의 이야기를 마치기 전에 그녀의 이야기에서 시사점을 몇 가지 살펴보려고 한다. 캐슬린은 26년간 근무한 경력, 시작했던 사업 수, 그녀가 오랫동안 얼마나 많은 개별 업무를 맡았는지 등에 대한 자신의 경력을 하루종일 이야기할 수 있었다. 우리는 그 이야기를 들으면서도 다른 사람들을 위한 기회를 만들고자 한 캐슬린의 열정에 대해서는 아무것도 배울 수 없었을 것이다.

이에 비해 우리는 그녀가 자신에게 중요한 가치를 바탕으로 이야기를 구성했을 때 그녀가 누구인지에 대해 더 많이 알게 된다. 연대기적 이야기에서 벗어나 우리가 가치 있게 여기는 것으로 대체할 때 우리는 분명히 이야기에서 우리 자신만의 진실을 더 강조하게 된다. 그렇게 되면 듣는 사람이 우리의 열정과 온전함과의 관계를 놓칠 수 없다.

가치를 중심으로 구축된 이야기에는 존재 방식, 호기심, 믿음 등 무엇이든 등장할 수 있다. 이러한 구조에 의지함으로써 우리는 자신이 누구인지 다르게 바라보게 된다. 이러한 구조에 의지함으로써 우리는 자신의 목소리를 높이게 된다. 여기서 목소리는 귀로 들을 수 있는 소리가 아니라 자신의 진실과 본질을 표현하는 목소리를 말한다. 가치 기반 구조를 사용함으로써 우리는 내부와 외부의 영향을 보다 직접적으로 연결하고 불확실성에 대한 민감성을 줄일 수 있다. 우리가 우리 자신의 첫 번째 청중이라는 점을 감안할 때 우리는 새롭고 더 포괄적인 질문으로 이어질 수 있는 더 깊은 자기인식에 마음을 터놓는다.

지금까지 우리에게 가치와 의미가 있는 개념을 여러 번 되짚어보았다. 많은 사람의 경우 이 개념은 혀끝에 맴돌고 있을 수 있다. 다른 사람들의 경우에는 접근하기 어렵거나 막연하게 익숙한 개념일 수 있다. 다음 절은 기억을 상기하고 싶어하는 사람들에게 가치와 의미의 입문서 역할을 한다. 자신에게 가치 또는 의미가 있는 것이 무엇인지 확신이 없다면 조바심내지 않아도 된다. 시간을 들여 호기심을 불러일으켜보자. 여기서의 작업은 당신이 진실로 여기는 것을 되새기거나 당신의 가치관을 알아가는 데 도움을 줄 수 있다.

가치와 의미에 대한 입문서

가치와 의미는 변화에서 중요한 역할을 한다. 가치와 의미의 연결을 통해 우리는 캐슬린이 다른 사람들을 위한 기회를 만들어가는 일에 대한 사랑을 바탕으로 이야기를 구축할 때 경험했던 것처럼 우리 자신과 새로운 대화를 시작하게 된다.

가치는 우리가 중요하다고 생각하는 것이다. 부분적으로는 주변 환경에서 얻은 단서를 통해 형성하기도 하지만 우리는 스스로 가치관을 정의한다.

우리는 무엇에 가치를 두는가? 지금 당신에게 가장 중요한 가치는 무엇인가? 공통된 가치를 적은 단어 클라우드(그림 8.1)[1]는 이러한 질문에 답하는 데 도움을 줄 수 있다. 그중 자신의 가치관이라고 부를 만한 것이 있는가?

자신의 가치관을 되돌아보고 가치와 의미 사이의 관계를 생각해보기 바란다. 이 두 가지 모두 변화, 즉 자신의 목소리를 온전히 낼 수 있게 하는 과정에 핵심 역할을 하기 때문에 이 책에서는 이 두 가지를 연결한다. 가치는 우리가 삶에서 갖는 의미와 부분집합이다. 나는 코먼코즈Common Cause[2]의 설립자 존 가드너John Gardner가 '의미'에 대해 다음과 같이 정의한 말을 좋아한다.

1 "Merging Two Worlds : A Two-Tier Model for Transitioning Youth." 2003. *Empower Your Life*, Chapter 1, Lesson 2, Empower Your Future: A career readiness curriculum. 두 커리큘럼 모두 다음 홈페이지를 통해 개발 및 제공된다. GCFGlobal.org.

2 https://www.commoncause.org/.

공유
이타주의
서비스
창의성
투지
아름다움
자신감
정직함
조경
다양성
우정
열린 마음
공정성
사회 정의
영향력
재능
겸손
평정
리더십
가족
근면함
고집
흥미
고수입
전문가 됨
동정심
팀워크
감성 지능
빠른 속도
감정적 안정감
자주성
성취
혼자 일하기
안정감
경쟁
친절함
성숙함
힘
인정
용기
협력
독립성
지혜
사랑
도전
모험
예측 가능성
도덕성
충성심
미학
안전
신체활동
시간적 자유
너그러움
자유
기업가 정신
능력
믿음
야망
공헌
신뢰
건강
프라이버시
예술성
유익함
평화
부유함
공감
지위

그림 8.1 공통된 가치

의미는 당신이 삶에서 만드는 것이다. 자신의 과거, 애정과 충성심, 자신에게 전해진 인류의 경험, 재능과 이해, 당신이 믿는 것과 당신이 사랑하는 사람들, 기꺼이 희생할 만한 가치로부터 의미를 만든다.[3]

의미는 당신이 상상할 수 있고 헌신할 수 있는 모든 것을 포함할 수 있다. 한 가지 기억할 사항은 상황과 관계없이 **모든** 사람이 자신의 방식으로 의미를 정의한다는 것이다. 따라서 의미는 구글이나 페이스북의 메타 CEO 또는 테레사 수녀처럼 우리 시대의 뛰어난 지도자가 결정하는 것이 아니다. 의미는 사회경제적 배경이나 자신의 시간을 어떻게 사용하는지와 관계없이 모든 사람이 스스로 깨달아야 하는 것이다. 또한 규정되거나 미리 정해진 '올바른' 의미는 없다. 나는 〈뉴욕타임스〉의 탐사 전문 기자 에이미 브제스니에브스키Amy Wrzesniewski와 제인 더턴Jane Dutton의 글을 항상 마음에 새기고 있다. 그들은 "청소부처럼 놀랄 정도로 가난하게 사는 미국인에게도 직업은 월급 이상의 의미를 지닌다. 직업은 목적과 의미의 원천이다"[4]라고 상기시킨다.

우리 모두는 누구도 예외 없이 자신이 누구인지, 어떻게 살아야 하는지, 경험에 어떤 성장을 수반할지 안내해주는 개념인 자신만의 의미를 구성하고 간직하고 있다.

3 Elizabeth White. 2019. 55, *Underemployed, and Faking Normal: Your Guide to a Better Life*. Simon & Schuster, page 83.
4 Charles Duhigg. "The Future of Work: Wealthy, Successful, and Miserable." *New York Times*, February 24, 2019.

리플렉션 : 우리의 이야기

이번 리플렉션에서는 이야기 구조를 연대기식이 아닌 가치를 사용하여 재구성한다. 나는 지난 10년이 넘는 시간 동안 이 방식이 성장 과정에서 정체성을 재정의하는 가장 확실한 방법임을 확인했다. 이는 새로운 자기개념을 탐구하는 데 계속적으로 사용할 수 있는 신뢰할 수 있고 재미있는 발견 플랫폼이다.

이 방법은 자신에 대한 익숙한 이야기를 되돌아보도록 요구하며 중요한 단서를 찾기 위해 그 이야기들을 조사하도록 안내한다. 여기서의 작업은 자신을 새로운 시각으로 바라보고 다른 사람들에게 당신을 얼마만큼 보여주거나 경험할 수 있게 할 것인지 깊이 생각해보도록 하는 데 도움이 된다.

1단계 : 신뢰할 수 있는 이야기

누군가를 처음 만났을 때 사용할 만한 연대기적 자기소개를 작성해본다. 자신의 변화와 관련된 정체성의 한 부분을 다룬 이야기를 써보도록 한다.

예를 들어 "윌마와 나는 5년 전 애틀란타 외곽의 해비타트운동에서 자원봉사를 할 때 만났다. 몇 년간 만남을 이어가다가 그녀가 이사를 갔다. 그러다 1년 전쯤 현재 나와 같은 건물에 살고 있는 동생을 만나러 온 그녀와 다시 연락되었다. 우리는 3주 전에 결혼했다."

2단계 : 우리가 스스로 설정한 한계

자신은 알고 있지만 다른 사람들과는 공유하지 않은 내면의 이야기를 적어본다. 내면의 이야기가 종종 스스로를 제한할 수 있다는 점을 기억하자.

예를 들어 "내 머리숱이 너무 적어서 매력이 없어."

3단계 : 가치 이야기

이 활동에서 사용할 인생의 가치를 선택한다. 인생에서 가장 중요한 가치나 혼란과 직접적으로 관련된 가치일 필요는 없다. 1단계에 적은 이야기를 다시 쓰되, 연대기 대신 선택한 가치를 사용한다. 이 가치라는 렌즈를 통해 이야기한다.

예를 들어 "윌마와 나는 솔 메이트다. 우리는 둘 다 사회 정의에 매우 열정적이었다. 나는 해비타트운동 자원봉사 날에 그녀를 처음 본 순간 그녀와 결혼하게 될 것을 알았다. 그리고 실제로 결혼했다! 3주 전에."

4단계 : 관찰하기

앞의 질문에 대한 대답으로 적은 이야기를 되돌아보자.

도움이 된다면 다음 예시 질문에 답해본다.

- 이야기 사이의 공통점은 무엇인가?

- 세 가지 이야기에서 다른 점은 무엇인가?
- 각 이야기에서 듣는 사람이 당신에 대해 무엇을 알게 되는가?
- 어떤 이야기를 통해 듣는 사람들이 당신에 대해 가장 많이 알게 되는가?
- 세 가지 이야기에서 모두 빠진 내용은 무엇인가?
- 각 이야기에서 당신의 진실은 어디에 있는가?

리플렉션을 행동으로 옮기기

데이터과학자이자 세 자녀의 엄마인 마흔두 살의 에벌린은 이 활동을 통해 자신의 자기개념에 대한 몇 가지 아이디어가 얼마나 강력하게 드러났는지를 보고 놀랐다.

그녀의 **신뢰할 수 있는 이야기**는 새로운 직장을 위해 인터뷰할 때 말했던 연대기적 이야기였다. 그녀는 직장을 그만둔 지 7년 만에 새로운 직업을 적극적으로 찾고 있었다. "졸업하자마자 알파벳이라는 회사에서 일했고, 몇 년 후 아카마이에 채용됐어요." 그녀는 이렇게 자신의 이야기를 시작했다. "그곳에서 5년간 일한 후 페이스북에서 잠시 일하고 클로버리프에 합류했어요. 멋진 경험이었죠. 1년 후 클로버리프가 아카마이에 합병됐어요." 에벌린은 몇 년 전 떠났던 회사로 다시 돌아가게 된 상황이 얼마나 아이러니한지 안다는 듯 살며시 웃었다.

"막내를 낳고 출산 휴가중이었을 때 합병됐어요. 모든 텍사스 지역

직원들은 지역을 옮기거나 패키지를 받고 퇴직하라고 권유받았죠. 로또에 당첨됐다고 생각했어요. 패키지를 받기로 하고 출산 휴가를 연장했죠. 6개월 내로 다시 일할 계획이었어요. 그게 벌써 7년 전 일이죠. 처음에는 새로운 직장을 찾을 수 있는 상황이 아니었어요. 아버지가 편찮으시기 시작했고, 나중에 암으로 돌아가셨죠. 그후에는 일자리를 구하려고 지원했지만, 별로 견인력을 얻지 못했어요. 항상 가족들에게 문제가 생겼죠. 다시 일터로 돌아가기가 이렇게 어려운 줄 알았다면 패키지를 받지 않았을 거예요."

에벌린의 **연대기적 이야기**는 꽉 막혀 있었다. 그녀는 자신 있게 이야기했고, 새로운 직장을 구하기 위한 면접부터 한 달에 몇 시간씩 자원봉사했던 동네 요가 스튜디오에서 새로운 사람들을 만날 때도 그 이야기를 사용했다.

에벌린의 **한계 이야기**는 자신의 일에 대한 이야기와는 완전히 달랐다. 이 이야기에서는 평생에 걸친 몸무게와의 싸움을 드러냈다. "저는 저 자신을 받아들인 적이 없어요. 결코 달성할 수 없었고, 앞으로도 달성할 수 없을 '사이즈 6'의 제 모습을 늘 상상했죠."

가슴 아픈 이야기지만 자신의 몸무게와의 관계에 대한 에벌린의 깨달음은 다음 이야기에서 유용하다는 사실이 증명되었다. 가치에 대해 고민한 끝에 늘 의지하고 있었던 직장과의 관계를 넘어 자신의 진실과 관련된 '연결의 중요성'에 도달했다.

"몇 년 전, 동네에 있는 요가 스튜디오 사장님을 찾아가 정서적 섭식과 요가에 대한 수업을 들을 수 있는지 물어봤어요. 요가는 제 아이들이 태어났을 때부터 시작한 영적·정서적 수련이에요. 첫번째 수업 이후에 더 많은 수업으로 이어졌어요. 페이스북 페이지를 만들었고, 일주일에 몇 시간씩 요가 스튜디오에서 자원봉사하고 있어요. 마을에서 진행하는 정서적 섭식이 다른 사람들과 가까워지는 데 도움을 줘서 정말 좋아요. 그 점이 저의 진실이에요. **다른 사람들과 가까워지는 것**. 하느님이 이 활동을 이끌어주신 것 같아요."

에벌린은 수련을 통해 자신이 도달한 곳, 즉 다른 사람들과 가까워졌다는 점에 놀랐다. "제 예상과는 전혀 달라요. 한계 이야기는 계획에 없던 7년간의 경력 공백을 강조하는 데 불과했다는 사실을 알아요." 그녀는 경력 공백이 대수롭지 않다는 듯 어깨를 으쓱해 보였다.

"정서적 섭식에 대한 제 관심이 그렇게 강력하다는 점에 놀랐어요. 전에는 이런 유형의 일을 진지하게 생각해본 적이 없어요." 그녀는 잠시 말을 멈추었다가 다시 이어갔다. "제 목소리는 그곳에 있을 때 가장 강력해요."

우리의 가치에 기반한 이야기는 새로운 방식으로 우리 자신과 연결하는 데 도움을 준다. 정체성 재해석을 통해 우리 자신의 이야기를 플랫폼으로 사용하여 늘어나는 진실과의 관계를 기반으로 한 새로운 자기개념을 구축할 수 있는 새로운 아이디어를 발견할 수 있다.

우리의 이야기에서 확장된 가치

우리의 이야기를 재설계함으로써 우리는 자신이 누구인지 완전히 새로운 방식으로 접근할 수 있다. 또한 우리 주위의 모든 다른 사람이 들려주는 이야기를 더 잘 이해할 수 있는 놀라운 능력을 갖게 된다.

변화의 이 시점에서 가치를 기반으로 한 이야기는 내가 깊이 간직하고 있는 신념인 '보이는 것의 중요성'에 초점을 맞추고 있다. 경험상 **보이는 것**은 두 가지 의미를 지닌다. 하나는 다른 사람들에게 **내 모습을 있는 그대로** 보여주려는 의지에 관한 것이며, 다른 하나는 다른 사람들이 **자신의 모습을 있는 그대로** 보여줄 수 있게 하겠다는 나의 약속에 관한 것이다.

이 렌즈를 통해 나는 이렇게 나의 이야기를 했다.

나는 보이는 것의 중요성에 완전히 전념하고 있다. 너무 전념하여 다른 사람들이 자신의 본모습에 더 가까이 갈 수 있고 보이는 진실에 부합하는 삶을 사는 방식을 배울 수 있는 공간을 만드는 데 내 모든 전문성을 쏟아붓고 있다. 오늘날 다른 사람들을 위한 공간을 만드는 내 일은 코치들에게 고객들의 혁신적 성장을 지원하는 방법을 가르치는 것부터 변화에 대해 생각하는 새로운 방식에 대해 연구자들과 협업하고 성장이 의미하는 바를 청중들과 이야기하는 것까지 다양한 방식으로 나타나고 있다.

이 가치는 내가 창업한 기술 회사나 일했던 글로벌 포춘 500 기업 등 내 경력 전반에서 일관되게 나타났다. 일했던 모든 직장에서 누군가 또는 새로운 관점이 보이도록 일했다. 직장 밖에서는 이 가치와 지난 40년간 처음에는 페미니스트로, 나중에는 사회적으로 소외받는 모든 공동체에 대한 포용 지원까지 내가 참여했던 옹호활동 사이의 관계를 이제는 안다.

가치 기반 이야기를 통한 작업은 이 자료로 이미 여러 해 동안 작업한 지금까지도 나 자신을 이해하는 새로운 방식에 접근하는 데 도움이 된다. 나는 이 방법을 사용할 때까지 나의 행동주의와 보이지 않는 다른 사람들을 희생시켜 몇몇 사람이 노력 없이 누리는 특권을 없애려는 열망 사이를 연결해본 적이 없다.

이 방법은 주변 사람들의 이야기를 새로운 방식으로 해석하는 데 도움을 주었고 내가 이제 그 이야기를 다룰 준비가 되었음을 깨닫게 해주었다.

고등학교 클럽 농구 프로그램에 등록한 남학생 부모들을 위한 저녁 모임에서 나의 배우자는 내 옆에 앉아 있었다. 우리 아들은 이 프로그램에 새로 등록한 회원이었다. 모임에서 아는 사람이 아무도 없었기에 우리는 주변 사람들을 알아가기 위해 이야기를 사용했다.

그후 2시간 동안 내 배우자는 바로 옆에 앉은 남자에게 25년에 걸친 우리의 연애 이야기를 들려주었다. 처음에는 근처에 앉은 사람들과 대화를 나누면서 남편의 이야기에 간간이 귀를 기울였다. 저녁식사가 길어지면서 나는 우연히 들은 이야기에 놀라서 남편 방향에 더욱 주의를 기울였다.

그는 내가 장기 출장 갔던 브라질로 여행한 이야기를 들려주고 있었다. 내 업무가 여행의 이유였음에도 불구하고 그의 이야기에서 나는 쏙 빠져 있었다.

그는 낡은 페리 갑판 위에 서서 핑크 돌고래가 아마존의 진흙 빛 갈색 물 여기저기서 나타나는 것을 보았던 일을 이야기했다. 내 이름이 언급되거나 내 존재에 대한 이야기는 들을 수 없었다. 단 한 번도.

'내가 못 들은 건 아닐까?' 나는 스스로 이렇게 질문하며 여러 해 동안 갈고닦아온 자기평가적 행동을 사용했다.

나는 페리 갑판 위에서 그 사람 옆에 서 있던 모습을 상상할 수 있었다. 물론 정말 멋진 장면이었다.

모든 이야기가 그러한 방식이었다. 내 존재는 없었다. 나는 어떤 형태로도 이야기에 포함되어 있지 않았다.

짙은 먹구름이 나에게 내려앉았다. 나는 **조용히** 앉아 있었고 약간 어지러움을 느꼈다.

그의 이야기에서 내가 지워진 것은 이번이 처음이 아니었을 것이다. '그 사람의 이야기에서 내가 지워진 것을 어떻게 지금에서야 알아차렸을까?'

나는 이 이야기가 주는 통찰에 놀랐다.

웨이터가 접시를 치우려고 왔다. 그는 정중하게 내가 손대지 않은 음식을 치웠다.

나는 새로운 깨달음에 뒤덮인 채 앉아 있었다.

'이 남자와 일생을 함께하는 것은 고사하고 집까지 함께 차를 타고 갈 수 있을까?'

정체성 해석을 위한 체크 스텝

인큐베이터의 정체성 해석은 이야기 발견을 위한 플랫폼에 의존하여 이루어진다. 우리는 이야기 재설계를 통해 우리 자신과 더 많은 연결을 활성화하고 우리의 진실이 얼마나 더 많이 알려지게 될지 호기심을 갖는다. 이러한 이야기 구조는 우리의 시야를 넓히고 우리 자신과 우리 주변에서 일어나는 일들에 대해 새롭고 중요한 질문을 던지게 한다.

가치 선상에서 이야기를 재설계하면 정체성을 완전히 다른 접근 방식으로 해석할 수 있다. 이 방식은 새로운 자기개념을 구성하는 데 사용하기 쉽고 신뢰도가 높다. 그뿐 아니라 재설계된 이야기는 우리가 정체성 해석을 '~한 후에'라고 조건을 붙여 제약하는 행동이나 '과거 중심 이야기'의 제한을 받는 행동을 피하도록 돕는다. 이야기를 재설계하는 과정에서 도출되는 아이디어는 깨우침을 주는 동시에 예상하지 못한 내용일 수 있다. 이 접근 방식은 인큐베이터의 전반적 목표인 새로운 방식으로 우리 자신을 알아가는 데 도움을 주는 데 기여한다.

다음 장 '관계 재구성하기'에서는 이야기를 더 광범위하게 사용하여 새로운 자기개념에 맞추어 살아가는 방법에 관해 생각해보려고 한다. 그 전에 잠시 시간을 내어 체크 스텝에 따라 답해보자.

체크 스텝 : 정체성 재해석

1단계 : 7장 '체크 스텝 : 기대 재설정'의 마지막 질문을 다시 한번 적어본다.

2단계 : 당신의 이야기에서 알게 된 점은 무엇인가?
다음 예시 질문들이 기억을 되살리는 데 도움이 될 것이다.

- 당신의 신뢰할 수 있는 이야기는 무엇인가? 그 이야기는 가치 기반 이야기와 어떻게 다른가?
- 당신의 가치 기반 이야기로부터 새로운 내용을 알게 되었는가?
- 재설계한 이야기에서 당신의 목소리는 어떤 역할을 하는가?
- 가치 기반 이야기를 사용하여 가장 큰 성공을 이룰 수 있는 곳은 어디인가?
- 듣는 사람의 입장에서 당신의 새로운 이야기로부터 무엇을 배울 수 있는가? 여전히 보이지 않는 것은 무엇인가?

3단계 : 이 장에서 배운 내용을 기억하여 1단계 질문을 다시 한번 작성해본다. 이야기 작성 작업이 변화의 여정의 초점을 어떻게 명확하게 하는가?

9 인큐베이터 : 관계 재구성하기

인큐베이터의 마지막 방법인 관계 재구성하기는 놀랍고도 엄청난 가치를 지닌 진실을 다룬다. 우리는 다른 사람과의 관계를 통해 우리 자신에 대해 더 잘 알게 된다. 생각해보자. 우리는 다른 사람들과 대화를 나눌 때 새롭게 설계한 이야기를 사용한다. 그 이야기를 통해 다른 사람들은 우리가 누구인지 더 많이 알게 된다. 그들은 이야기에 반응한다. 그들이 질문하면 우리는 대답한다. 이렇게 주고받는 과정을 통해 우리는 새로운 자기개념을 개선하고 강화된 목소리와 일치하는 삶을 사는 느낌을 경험하게 된다. 이러한 대화 덕분에 나는 다른 사람과의 소통을 통해 우리가 우리 자신을 발견할 수 있다는 확고한 신념을 갖게 되었다.

이 장에서는 다른 사람들과의 관계와 그 관계가 우리의 지속적인 발전에 어떤 역할을 하는지 알아본다. '중간 단계'에 있는 자기개념이 무엇을 의미하는지 생각해보고 발전 시기에 우리에게 유용할 수 있는 관계에 대해 알아본다. 그리고 우리가 어디에 위치해 있는지, 우리의 변화가 어디로 이어질지 확신할 수 없을 때 다른 사람들과 사용할 수 있는 '중간 단계' 이야기를 만들어보려고 한다. 이 방법은 성장 과정에서 다른 사람들과 관계를 맺고 불확실성이 줄어들 때까지 관계를 끊지 않아야 할 필요성을 예상한다. 이 작업은 우리가 자신감을 회복하는 데 도움을 준다. 다른 인큐베이터 방법과 마찬가지로 이 방법을 사용하여 얻게 되는 가장 유익한 결과는 우리가 스스로에게 질문을 던지는 데 도움을 주고, 우리가 누구인지 온전히 알아가는 데 기여한다는 점이다.

관계란 무엇인가?

관계는 진화하는 새로운 자기개념의 시운전 역할을 하는 다른 사람들과의 소통이다. 이러한 방식으로 다른 사람들과 관계를 맺음으로써 우리는 많은 것을 배운다. 우리의 새로운 상태를 설명하는 데 알맞은 단어를 찾고 다른 사람들의 반응, 그들이 하는 질문, 그들이 어느 지점에서 흥분하는지 또는 혼란스러워하는지를 경험한다. 또한 우리 자신의 진실과 더욱 친밀해진다.

락슈미의 경험에서 관계에 대해 생각해보자. 5장에서 락슈미를 만났을 때 그녀는 의학계에서 떠난 상태였으며 대단히 놀랍게도 자신이 재미

있고 통찰력 있는 리더라는 사실을 알게 되었다. 이러한 유형의 깨달음은 다른 사람들과의 관계를 통해 락슈미만 경험한 것이 아니라 내 연구 사례에서도 여러 차례 반복하여 발견할 수 있었다.

많은 사람은 성장을 타인의 부재와 동일시한다. 결국 한때 익숙했던 자기개념에서 벗어나 우리 자신과 다른 사람들 사이의 통로를 잃는 것은 흔한 일이다. 예를 들어 옆집 이웃이 실직했을 때 경제적 안정성이 사라졌을 뿐 아니라 전 직장의 소프트볼 팀에서 뛸 수 없게 되었다는 사실에 상심할 수 있다. 실직으로 그는 소득뿐 아니라 자신이 만들어온 사회 구조도 잃었다.

분명히 해두고 싶은 점이 있다. 지리적 이동 등 혼란 때문에 사람들과 관계를 단절할 필요는 없다. 대신에 우리는 지지해줄 수 있는 사람을 확인할 수 있다. 우리의 결정은 보편적인 것과 거리가 멀다. 어떤 사람과는 관계를 단절할 수 있고, 관계가 제자리걸음인 경우도 있으며, 상대와 관계를 강화하기도 하고, 새로운 관계를 시작할 수도 있다. 관계에 '정답'은 없다. 중요한 점은 우리를 지지할 수 있는 사람을 찾는 것이다.

마흔아홉 살의 저스티나가 예상치 못하게 실직했을 때 그녀는 주변 사람들과의 관계를 통해 얻는 지원 가능성에 매우 민감해졌다. "이웃 여성들과 하는 북클럽이 있었어요." 그녀는 실직한 직후 참석했던 모임을 회상하며 말했다. "한 달에 한 번씩, 15년 동안 모임을 이어왔죠." 그녀는 자랑스럽게 말했다. "그들과 아주 가까웠어요."

"북클럽에서 실직 이야기는 한마디도 하지 않았어요. 평소처럼 행동했죠. 상황을 부정하는 것은 아니지만 떠벌릴 필요는 없으니까요. 아무에게도 말하지 않을 생각이었어요. 그럴 준비가 안 되어 있었어요."

저스티나는 예리했고 다른 사람들이 자신의 생각에 미칠 수 있는 잠재적 영향을 알고 있었다.

"제 이야기를 알게 된 몇몇 사람은 해고 소식에 대단히 놀랐어요. '진짜? 네가?'라고 반응했죠." 사람들의 그러한 반응은 이미 흔들리고 있던 그녀의 자존감에 또 한번 타격을 주었다.

"이해해요. '제 사람들'이 호기심을 갖기는커녕 저와 함께할 준비가 되어 있지 않다는 사실을 배우고 있어요. 영원히 준비되지 않을 수도 있죠." 그녀는 약간 낙담한 듯했다.

저스티나는 신뢰할 만한 관계에서 벗어나 지역에 새로 온 사람들을 위한 모임에서 새롭고 더 장래성이 있는 관계를 찾았다. 그녀는 거의 20년 동안 같은 마을에 살고 있었는데도 항상 그 모임에서 활발하게 활동했다. "실직을 경험한 사람들을 찾고 있어요. 바로 그 사람들이 제 사람들이죠."

나는 저스티나에게 북클럽에서 만난 사람들과 거리를 두는 것이 어떤 느낌이었는지 물었다. 그녀는 잠시 망설이다가 이렇게 말했다. "다른 사람들에게도 힘든 일이었을 거라고 생각해요. 누군가 기존의 길에서 벗어났다거나 다음 행보를 열심히 찾고 있다는 말을 들으면 많은 사람이 매우 두려움을 느끼죠." 그녀는 말을 잇기 전에 잠시 머뭇거렸다. "그들의 반응이 사실 자신들을 향한 것임을 깨닫고 있어요." 저스티나가 다른 사람들을 관찰한 내용은 내 연구의 많은 사례와 비슷하다. 성장과 관련하여 우리와 가장 가까운 사람 중에 우리의 결정이 그들에게 미치는 영향 이상을 생각할 수 있는 사람은 거의 없다. 그들은 우리가 항상 변하지 않고 어떤 상황에서도 일관된 자기정의를 유지하기를 강력히 원한다.

"성장하려면 자신의 세계에 누구를 언제 허용해야 할지에 관해 스스로를 좀더 보호하는 입장을 취해야 합니다."

새로운 공동체와의 관계

저스티나는 자신을 지지할 수 있는 사람과 지지할 수 없는 사람의 차이를 인식했다. 많은 개인, 전문가, 조직은 우리의 변화의 여정을 지지할 수 있는 긍정 공동체 역할을 할 수 있다.

알래스카 페어뱅크스 출신의 사회복지사 세이드는 이 사실을 깨달았다. 그녀는 어느 날 저녁 샌프란시스코 노스비치 지역의 한 교회 지하실에서 내가 주도한 모임에 약간의 두려운 마음을 안고 참석했다. 행사 당일 그녀는 나에게 쪽지를 보냈다. "제가 말수는 적지만 괜찮으시다면 모임에 가서 듣고 싶어요." 물론 나는 답장을 보냈고 다음날 아침 그녀와 나는 일대일로 대화를 나누었다.

"어젯밤 대화가 정말 좋았어요. 그 방 안에서 모든 연령과 계층을 아우르는 공동체 의식이 생겨났어요. 이제 이해했어요. 저는 지난 20년 동안 과도기에 있었던 거예요. 발전한 면도 있지만, 늘 무슨 일이 벌어졌죠. 개인적으로 이 점이 너무 고통스러웠고, 가까운 친구와 가족들조차도 저를 이해하지 못했죠. 어젯밤 모임을 통해 가능한 해답을 찾을 수 있는 방법을 알게 됐어요."

긍정 공동체는 우리가 용기 있게 호기심을 자기감으로 돌릴 때 우리 곁에 서서 판단하지 않고 도움을 준다. 이러한 공동체는 평생의 동반자, 동료, 친구, 또는 완전히 처음 보는 사람들에게서 찾을 수 있다. 후자는 보통 우리가 성장하는 데 가장 생산적인 지지자가 된다. 12단계 프로그램, 웨이트 워처스Weight Watchers, 그리고 다른 수많은 지원 네트워크가 수십 년 동안 알고 있던 사실을 새로운 공동체도 알고 있다. 다른 사람들과 관계를 맺으면 부족한 자신감과 긍정성을 높일 수 있는 우리 자신과 연결된 다리가 놓인다.

세이드는 신중하게 말을 마쳤다. "당신과 비슷한 상황을 겪고 있는 사람들은 당신을 잘 알든 모르든 공감할 수 있을 거예요. 당신과 다르다고 해도 뭔가 같은 과정을 겪고 있다고 느껴져요. 예를 들어 '나는 혼자가 아니야. 나만 이렇게 생각하는 게 아니야. 그렇다고 내가 나쁜 사람이라는 건 아니야'라는 생각이 들죠."

세이드는 내 연구에 참여한 다른 사람들처럼 한 가지에 대해 분명했다. "관계는 '나는 뭘 하고 있는 거지? 이 길을 가고 싶은 줄 알았는데, 예상과는 다르네'와 같은 질문을 던지는 것을 두려워하지 않아야 만들어집니다. 한 발짝 뒤로 물러서도 '괜찮아요.' 이러한 관계는 무슨 일이 벌어지고 있는지 알고 있고, 생각했던 것과 다른 모습인데도 괜찮은지 나에게 묻죠."

긍정 공동체와의 연결을 생각할 때 알아야 할 몇 가지 항목이 있다. 봉사할 수 있는 사람, 그 과정에서 우리의 역할, 주의사항이다.

누가 봉사할 수 있을까?

성장을 지지하는 역할을 하는 사람인지 판단할 때 가장 중요한 기준은 "왜 안 되는데?"라고 질문할 수 있는 능력이다. 이렇게 용감한 사람을 찾으려면 가까운 관계 밖에서 찾아야 할 확률이 높다. 그들은 간과하기 쉬운 기술을 갖고 있다. 바로 우리의 보이지 않는 벽을 볼 수 없다는 점이다.

가까운 친구와 가족들은 종종 알게 모르게 우리 주위에 구속하는 벽을 강화하고, 성장하는 동안 연결고리 역할을 할 수 없게 만드는 편견을 갖고 있다. 그들은 우리가 항상 변하지 않고, 어떤 상황에서도 일관된 자기정의를 유지하기를 강력히 원한다.

우리와 동행하는 사람들에 대한 목표는 간단하다. 그들은 "왜 그러는데?" 대신 "왜 안 되는데?"라고 질문할 수 있어야 한다는 것이다.

데지레는 포커스그룹에 참여한 후 가까운 사람들을 넘어 지지하는 사람들을 찾는 것의 가치를 알게 되었다. "제 나이일 때 엄마는 세 자녀와 남편, 그리고 집이 있었어요." 이러한 이정표가 없는 상황에서 데지레는 자신의 관점을 고수하기 힘들었다.

"좋은 직장이 있지만, 좋아하지는 않아요. 제 꿈은 드레스 가게를 차리는 거예요. 바느질을 좋아하거든요." 그녀는 모임에 참석한 사람들에게 털어놓았다. "섬유학 학위를 받은 이후 몇 년 동안 간간이 이 일을 생각해왔어요."

"확신이 없어 보이는데요?" 내 옆에 앉아 있던 태머라가 객관적으로 말했다.

태머라의 이의 제기로 대화는 예상치 못한 방향으로 흘렀다. 데지레와 함께 그곳에 모인 사람들은 그녀의 재정과 다른 의무를 고려하여 어떻게 진행할 수 있을지 토론했다. 의제로 다시 돌아갔을 때 데지레는 모두에게 고맙다고 말했다.

"어제까지만 해도 시도해야겠다는 생각조차 하지 못했어요. 소규모로 시작할 거예요. 그건 가능할 것 같아요." 그녀는 살짝 웃으며 말했다. "예약하실 분?"

관계는 우리의 제한적인 이야기, 특히 우리와 가까운 사람들이 강요한 이야기 너머를 볼 수 있게 도와준다.

우리의 역할

타인은 관계에서 가치를 창출하는 방정식의 일부일 뿐이다. 나머지 한 부분은 바로 **우리 자신**이다. 우리는 관계를 재구성하기 위해 우리 자신의 진실을 활성화해야 할뿐더러 다른 사람들도 그 진실을 경험하게 해야 한다. 이러한 단계를 설명하는 데 자주 사용되는 용어는 **대리**, 즉 우리를 대신하여 기꺼이 행동하겠다는 마음이다.

관계에서 새로운 진실을 반영하는 특정 행동을 기꺼이 받아들이는 것이 '우리의 역할'이라고 생각하면 굉장히 유익하다. 이러한 생각은 진실을 아는 것과는 별개 문제다. 7장에서 패스칼이 그의 커밍아웃 이야기를 들려주었던 일이 생각난다. 그는 자신이 동성애자라는 진실을 오랫동안 알고 있었지만 다른 사람들에게 사실을 알리고 그 진실에 따라 온전히 살아가기 위해 더 많은 일련의 단계를 거쳐야 했다.

우리는 성장하면서 두 가지 차원에 따라 발전한다. 진실을 더 많이 알게 되고 그 진실에 따라 행동하려는 의지가 높아진다. 각자의 상황에 따라 이 두 가지 차원에 맞추어 행동하는 방법을 결정해야 한다.

데지레가 다른 사람들과 관계를 형성하면서 얼마나 발전했는지 생각해보자. 그녀는 새로운 방식으로 섬유에 대한 관심을 탐구해가면서 자신의 자기개념을 더 명확히 알게 되었다. 이 단계를 통해 그녀는 개인적인 상황으로 인한 제약 속에서도 열정에 따라 살아갈 수 있다는 사실을 믿게 되었다. 그녀는 진실을 실현하는 것이 무엇을 의미하는지 깊이 생각하기 위한 단계를 밟았으며 예약할 사람이 있냐는 가벼운 질문과 함께 이 믿음에 따라 살아가기 시작했다. 작지만 의미 있는 단계였다.

진실을 깨닫고 그에 맞추어 행동하는 일은 흥미진진하고 광범위하며 다른 사람들의 도움을 받을 수 있는 과정이다. 관계를 통해 자신과 타인을 신뢰하는 방법을 배워나갈 때 타인의 기여는 우리의 발전을 촉진하는 역할을 할 수 있다.

주의사항

불확실한 시기에는 다른 사람의 의견에 지나치게 의존할 위험이 있다. 실제로 나는 관계가 제약하는 역할을 한다고 말하는 사람들의 이야기를 굉장히 자주 듣는다. 주로 우리가 자기정의를 검토하거나 재정립하면서 다른 사람의 의견에 기대어 빈칸을 채우려고 할 때 그러한 일이 발생한다.

성장을 좇으면서 신이 난 사람이 나에게 이러한 말을 할 때 마음이 철렁 내려앉는다. "제가 이런 높은 사람을 만났는데, 그분이 이렇게 하라고 하셨어요. 그래서 그렇게 해보려고요. 너무 신나요."

현실을 직시하자. 누군가 우리가 해야 할 일을 '알고' 있다고 주장할 때 그들에게 쉽게 결정권을 넘기기 쉽다. 그들의 확신은 변화와 불확실성의 폭풍 속에서 안전한 피난처처럼 느껴질 수도 있다.

당신의 마음속 이야기를 스스로 알아가기 위해 노력하고 다른 사람에게 말하지 않는 한 아무도 당신의 마음을 알 수 없다는 사실을 항상 기억해야 한다. 당신이 사랑하고, 믿고, 소중하게 여기는 것을 떠올리기가 아무리 어렵다고 해도 그 대화를 시작할 수 있는 유일한 사람은 바로 당신 자신이다.

타인의 가치

관계가 작동할 때(실제로 자주 작동한다) 우리의 여정에 무엇으로도 대체할 수 없는 가치를 부여한다. 쉰한 살에 두 번의 이혼 경력이 있으며 한 명의 성인 아들이 있는 세리나는 다른 사람들의 예상치 못한 도움에 감사한 마음을 갖게 되었다. 그녀는 자신의 회사와 다른 대기업의 합병 과정에서 실직했다. “재정 문제를 해결하기 위해 아직 한참 더 일할 거라고 늘 생각했어요.” 실직한 지 몇 달이 지났지만 그녀는 여전히 마음을 추스르지 못한 상태였다. “해고는 예상하지 못했어요. 스트레스가 심했는데, 특히 경제적 스트레스가 컸죠.”

세리나는 미국 경제의 엄청난 수요 덕분에 여러 해 동안 성장했다. “편도 1시간이 걸리는 출퇴근 시간까지 포함하면 일주일에 60시간 동안 일했어요.”

“퇴사하고 나니 그 세계의 중요성이 얼마나 빨리 사라지는지를 보면서 놀랐어요. 전 늘 다음 목표를 향해 달려가고 있었어요. 분기별 매출 목표, 계속되는 성과 목표, 초대받아야 참석할 수 있는 회의, 고객 행사까지. 전 늘 달렸어요.”

“저는 자기관리를 매우 중요하게 생각합니다. 해고를 당한 후에 시간을 좀 가졌어요.” 그녀는 빨리 끝나버린 직장생활로부터 회복하기 위해 두 달간 정화의 시간을 가졌다고 말했다.

“‘다음 단계는 무엇’일지 계속 자문했어요. 다시 돌아갈 수는 없었죠.” 그녀는 미래가 어떻게 펼쳐질지 확신할 수 없었기에 앞으로 갈 길을 고민하는 동안 자원봉사에 참여하여 다른 사람과 관계를 형성했다.

"마을에서 애견공원을 관리하는 반려동물 보호자 모임에서 자원봉사를 했어요." 세리나는 동물에 대한 애정을 드러내며 말했다. "모임에 참석하고 마을 공직자들로부터 중요한 지원을 받는 데 도움을 주었죠." 그녀는 '대단한 일이 아니'라는 듯 말했다.

"지나고 보니 공원에서 자원봉사하면서 저에게 꼭 필요했던 자존감을 높이는 데 도움이 됐어요. 그곳에서 만났던 사람들에게 정말 고마워요. 제 전 직장 동료들은 이해하지 못했거든요." 그녀는 잠시 말을 멈추었다가 진지하게 다시 이어갔다. "그들은 제가 왜 여전히 '다음 일'을 찾고 있는지 이해하지 못했어요. 소속되어 있던 사회에서 벗어났다고 느꼈을 때 어디엔가 받아들여지는 것이 중요했어요. 그 덕분에 전혀 다른 일도 할 수 있다고 믿게 됐어요."

자신감이 높아졌다고 해서 세리나의 경제적 근심이 즉각적으로 해결된 것은 아니었다. "새로운 직장을 찾기까지 처음에 예상했던 것보다 훨씬 오래 걸렸어요. 새로운 사람들과의 관계가 저를 버티게 해줬어요."

"지난주에 동물 권리 단체의 일자리를 수락했어요." 세리나는 웃으며 이야기했다. "이 모든 과정이 저에게 가르쳐준 교훈이 있어요. 우리는 우리 자신의 모습으로 돌아오게 되어 있다는 거죠. 더 나은 모습으로요."

새로운 다리

우리의 진실이 중심 역할을 한다면 다른 사람들과의 관계는 즉각적인 소통을 넘어 더 큰 이익을 가져다준다. 진실을 바탕으로 하는 타인과의 관계는 새로운 방식으로 우리 자신을 이해하는 데 도움이 된다. 쉰아홉 살의 독신 여성 메이는 이러한 변화와 이 변화가 그녀의 생각과 인생에 미친 영향을 통해 용기를 얻었다.

메이는 그녀의 동생이 아홉 살이던 1970년대 초반에 가족과 함께 미국으로 이민을 왔다. "우리 지역사회는 대단히 가족 중심적이에요. 서로를 돌보죠. 저는 제 동생과 부모님과의 기억에 강한 애착이 있어요."

"제 동생 아이코와 저는 아주 친해요. 둘 다 싱글이죠. 아이코는 미혼이고 저는 사별한 지 10년이 넘었어요." 메이는 여동생을 돌보는 일이 행복했지만 아이코를 돌보는 방식은 바꿔야 한다는 사실을 깨달았다.

아이코는 최근 심장마비를 일으키고 지역 병원 집중 치료실에서 퇴원한 후 메이와 함께 살게 되었다. 그들의 관계에서 아이코의 요구가 늘 우선순위였는데, 이 패턴은 자상하고 세심한 부모님과 어린 시절 아이코가 겪은 건강 문제 때문에 생겼다.

메이는 여동생을 돌보는 자신의 역할과 몇 년 전 인생에서 스트레스가 많았던 시절 사이에서 비슷한 점을 발견했다. 메이는 아이코가 병에 걸리기 10년 전에 대형 방위산업체에서 관리자로 근무하던 중 직장을 잃었다. 그녀는 자신의 일을 사랑했고 대기업에서 일하는 것을 자랑스러워했다. 예상치 못하게 해고당했을 때 메이의 세상은 균형을 잃었다. "제가 해고당했다는 사실을 믿을 수 없었어요. 심지어 조금 창피했어요. 그 회사에서 오래 근무했거든요." 메이는 슬프게 과거를 회상했다.

그녀는 잠시 말을 멈추었다가 다시 이었다. "실직하고 나서 제 목소리가 변했어요." 나는 그녀가 이어서 들려준 이야기에 놀라지 않을 수 없었다. "다른 사람들에게 저의 창의성과 연민을 보여줬어요. 제 목소리도 조용해졌죠. 말을 하지 않았다는 건 아니고, 제 주변 사람들의 요구에 더 귀를 기울이게 됐죠. 직장에서는 있을 수 없는 일이었어요. 갑자기 제가 책임자가 될 필요가 없어졌어요. 덕분에 더 많은 저의 모습이 드러나게 됐죠."

메이는 아이코와의 관계가 변하고 아이코를 더 많이 돌보아야 하는 상황이 되면서 목소리에도 더 많은 변화를 겪었다. 메이는 최근의 이러한 변화가 실직했을 때 경험했던 변화보다 더 크다는 사실을 알았다. "저는 더 용감해졌어요. 저에게 무엇이 중요한지 더 잘 알고 있고, 아이코의 요구가 저의 관계에 조금은 영향을 미치게 둘 생각이에요." 메이는 이러한 변화의 시작을 '기대 재설정하기' 가치와 기대 활동 덕분이라고 생각했다.

메이는 "여동생을 돌보기 시작한 지 6개월이 지나고 나서 저도 용기를 내서 아이코에게 우리 관계에서 제가 무엇을 필요로 하는지 말했어요"라며 말을 이어갔다. "저에게 중요한 것에 대해 말한 건 그때가 처음이었어요. 정원을 가꾸고 지역 공동체 푸드 뱅크에서 자원봉사할 시간이 필요하다고 말했어요. 수년 전에 실직한 후 그곳에서 봉사를 시작했거든요. 그곳에서 만난 사람들과의 관계는 저에게 매우 소중해요." 두 자매는 메이를 돕기 위한 일정을 짰다. "많은 시간은 아니었지만, 귀중한 휴식시간을 갖게 됐죠." 메이는 조심스레 말했다.

"아이코와의 관계에서 저를 위한, 저를 위한 더 많은 새로운 공간을 만드는 것은 50년 동안 정해진 방식으로 차려진 테이블을 재설정하는 것과 같은 일이에요. 사소한 일처럼 들릴지도 모르겠지만, 모든 것이 바뀌었어요."

'중간 단계' 찾기

다른 사람들이 우리의 변화에 크게 기여할 잠재력을 갖고 있지만 그들에게 무엇을 말해야 할지는 늘 명확하지 않다. 결국 스스로에게조차 확실한 대답을 하지 못할 때 다른 사람에게 무엇을 말해야 할까?

카트린카와 그녀의 남편은 막내가 대학에 입학한 지 2년 만에 30년 결혼생활을 끝냈다. 그녀는 고통스럽고 창피하고 할말이 없는 상태인 중간 단계에 놓인 자신의 모습을 발견하면서 다른 사람들에게서 멀어졌다.

"무슨 말을 해야 하나요?" 그녀는 마을에서 아는 사람을 만날 가능성을 설명하며 반문했다. "30분 정도 시간이 넉넉히 있는 게 아니라면, 그들에게 제 상황을 어떻게 설명해야 할지 모르겠어요." 나는 그녀가 느끼는 좌절감을 이해할 수 있었다. 좌절감은 혼란을 겪는 동안 관계를 찾아가는 많은 사람이 공통적으로 느끼는 감정이다.

그녀는 말을 이어갔다. “저와 이야기를 나눈 사람들이 저에게 이렇게 물었어요. ‘당신이 원하는 게 뭔가요?’” 이혼 결정에서 제 역할을 강조한 질문이었다. “그 질문에 스스로에게도 어떻게 대답해야 할지 모르겠어요. 그런데 다른 사람에게 뭐라고 말해야 하나요?”

나의 바람은 카트린카가 설명했듯 다른 사람들과 현재 상황에 대해 말할 수 없을 것처럼 느껴질 때도 그들과 잘 지낼 수 있는 이야기를 만드는 것이다. 나는 자기감을 재검토하는 단계부터 새로 만든 자기개념에 따라 행동하는 주기가 끝날 때까지 혁신적 성장 과정에서 언제든지 발생할 수 있는 시기를 ‘중간 단계’라는 용어로 표현한다(그림 9.1). 우리

자신을 변화시키는 ‘방법’

- 정체성 전체 또는 부분을 구성하는 신념, 가치, 기대를 **재검토한다.**
- 우리를 제자리에 머물게 하는 감정을 **재구성한다.**
- 자신을 위해 새로운 신념, 가치, 기대를 **활성화 및/또는 창조한다.**
- 우리에게 더이상 해당되지 않는 가치, 신념, 기대에서 **벗어난다.**
- 개선된 새로운 기대, 가치, 신념을 새로운 자기개념에 **접목한다.**
- 새로운 자기개념에 따라 **행동한다.**

그림 9.1 자신을 변화시키는 ‘방법’

는 이 연속된 시간 중 어느 지점에서든 곤란한 상황을 겪게 된다. 우리의 위치에 관해 무슨 말을 해야 할지 확신할 수 없지만 우리가 진실을 명확히 할 수 있게 도와줄 사람이 필요한 상황을 경험하는 것이다.

우리는 이 경계 공간에서 우리를 지원하기 위해 불확실한 상황의 결과라고 여겨지는 소극성을 넘어설 수 있게 '중간 단계 이야기'를 만들 것이다. 이 이야기는 성장 경로를 따라 발전하고 있는 모든 사람이 '구직의 중간 단계', '관계의 중간 단계', 또는 다른 모든 일의 '중간 단계'에서 사용할 수 있다.

리플렉션 : 중간 단계 이야기 만들기

계획을 이야기하기 힘들 때 누군가에게 무엇이라고 말하는가? 정답은 당신이 하는 일을 존중하고 다른 사람들을 자신의 탐구 과정에 참여시키는 이야기를 만들어내는 것이다.

많은 사람이 '중간 단계 이야기'를 '엘리베이터 피치elevator pitch' 또는 직업적으로 자신이 누구인지, 당신 또는 당신의 회사가 지키는 가치가 무엇인지를 요약하는 짧은 내용의 이야기와 혼동한다. 엘리베이터 피치는 실리콘밸리의 상징적인 테크 기업 설립자들이 잠재적인 투자자들과 엘리베이터 타기를 기대하며 준비한 이야기다. 우리의 중간 단계 이야기는 듣는 사람들을 대화로 끌어들여 우리의 여정에 대한 소중한 피드백을 얻게 해준다.

1단계 : 당신의 성장 여정을 돕기 위해 작성한 마지막 질문을 요약하는 단어나 문장을 써보자. 6, 7, 8장의 체크 스텝을 참조한다.

예를 들어 카트린카의 경우 "이 결혼을 넘어 내가 누구인지 생각하고 있다"라고 할 수 있다.

2단계 : 매드 립스Mad Libs 방식을 사용하여 보기에서 알맞은 단어를 **고르거나** 빈칸을 **채우는** 방식으로 중간 단계 이야기를 만들어보자.

나는 ________________[1장에 썼던 답을 적는다]를 [알맞은 단어를 하나 선택한다 : 탐구한다, 조사한다, 연구한다, 궁금해한다, 준비한다, 작업한다, 실험한다, 바란다, 계획을 세운다, 고려한다, 배운다, 단계를 밟아간다, 만들어낸다, 궁금해한다]. 이는 ________________[당신이 경험한 혼란을 요약하는 제목을 적는다. 1장 1단계를 참고한다]를 [알맞은 단어를 하나 선택한다 : 다루다, 더 나아가다, 탐구하다, 돕다, 이해하다, 재구성하다, 잠시 쉬다, 상상하다]하려는 더 큰 노력의 일부다.

3단계 : 이 이야기를 성공적으로 사용할 수 있는 조건은 무엇인가? 도움이 된다면 다음 예시 질문에 답해본다.

- 이 이야기를 사용할 수 있는 때와 장소는?
- 누구와 함께 있는가? 빠진 사람이 있는가?

- 이 이야기를 사용하는 기분이 어떤가?
- 이 이야기를 편안하게 사용하기 위해 다른 어떤 일이 필요한가?
- 이 이야기에서 다른 사람들이 당신에 대해 무엇을 알 수 있는가?
- 듣는 사람들이 여전히 당신에 대해 모르는 내용은 무엇인가?
- 이 이야기의 성공률을 높이기 위해 무엇을 할 수 있는가?

리플렉션을 행동으로 옮기기

빅터는 중간 단계 이야기를 사용하기가 정말 두려웠다고 고백했다. 그는 자기가 좋아하는 댈러스 매버릭스의 경기가 열리는 아메리칸에어라인센터에서 멀지 않은 개조된 창고에서 살았다.

회계사였던 빅터는 사업가가 되기 위해 18개월 전 퇴사했다. 그의 행동은 큰 결심이었으며 그는 곧 성과를 거두기를 바랐다.

사업 초기의 흥분은 사라졌다. "걱정되기 시작했어요. 제가 생각했던 것보다 시간이 많이 걸려요." 빅터는 이 상황에 대응하기 위해 더 많이 일하고 자신의 꿈을 실현하기 위해 두 배로 노력했다. "지난 6개월 동안 모든 것을 접고 점점 더 일에 몰두했어요. 제 세상에는 회사와 파트타임 개발자 두 명, 그리고 저밖에 없어요."

"계속 묻게 돼요. 퇴사가 큰 실수가 아니었을까?" 그는 자문하듯 말했다.

여자친구 설리아의 권유로 빅터는 마지못해 디너파티에 참석했다.

"한번 해보기로 결심했어요." 그는 처음으로 중간 단계 이야기를 사용해 보기로 했다. "'스타트업을 시작하고 있어요'라고 전형적으로 말하지 않고 중간 단계 이야기를 사용했죠."

"대기업의 대량 구매를 위한 새로운 앱을 만들고 있어요. 의사 결정 과정에서 기업들이 기술을 활용하는 방법을 탐구하는 것이 제 관심사 중 하나입니다. 회사 다닐 때 허구한 날 하던 일이죠. 제가 일했던 회사 중 어떤 곳도 이 문제를 제대로 해결하지 못했어요. 엄청난 기회죠. 그래서 이 일에 전념하기 위해 1년 전쯤 퇴사하고 사업을 시작했어요."

놀랍게도 빅터의 이야기는 화제의 중심이 되어 저녁시간 내내 대화가 이어졌다. 그는 정말 오랜만에 힘을 얻고 저녁식사를 마쳤다.

빅터가 디너파티에서 맺은 것과 같은 관계는 과정의 끝이 아니다. 이 관계는 산소와 빛을 공급하여 우리가 다른 사람들과의 소통에서 자신이 누구인지에 더 몰두할 수 있는 자신감을 준다. 이러한 상황에서 우리는 성장이 자기정체성을 주도하려는 의지에 달려 있음을 기억하게 된다.

관계의 지속적인 가치

메이와 빅터가 배운 것처럼 인큐베이터는 다른 사람들과의 소통에서 자신이 누구인지 더 많이 드러내도록 유도하는데, 이는 여러 면에서 성장에 유익한 용기 있는 걸음이다. 타인과의 소통을 통해 자기 자신에 대해 배우게 될뿐더러 다른 사람들과 중요한 새로운 관계를 맺을 수 있다.

나 또한 나의 진실에 대한 깊은 관계와 내 삶의 모든 구석구석에서 점점 커져가는 내 목소리에 맞추어 살고자 하는 의지 덕분에 이 사실을 알게 되었다.

첫 책이 출간되고 난 후 3년이 지났을 때 회원으로 참여하고 있는 글로벌 여성 단체 이사회에 합류해달라는 초대를 받았다. 곧바로 "네!" 하고 대답했다. 대신 한 가지 조건을 달았다. 나는 프로그램을 만드는 데 참여하고 싶었다. 그때까지 대규모 그룹을 대화형 활동에 참여시켜 자신과 서로 간에 관계를 형성하는 방법에 관한 꽤 많은 경험을 쌓았던 터였다. 그들은 무엇이라고 대답했을까? 함부로 소원을 빌지 말라고? 나는 해당 단체의 프로그램 부분 공동의장으로 임명되었다.

이 단체는 매년 3월 8일 세계 여성의 날을 기념하여 행사를 개최한다. 이날 다른 많은 유사 단체와 마찬가지로 이 단체도 영향력 있는 인사들을 초대하여 회원을 대상으로 연설하는 패널 토론을 주최한다. "누구에게 연설을 맡겨야 할까요?" 공동의장과 나를 포함한 직장 동료들은 몇 달 전부터 고민했다. 행사를 위해 훌륭한 연사를 찾는 일은 오스카 시상식 당일 오후 공연을 위해 재능 있는 배우를 고용하는 것과 같다고 생각하면 된다.

내면의 목소리를 믿은 덕에 새로운 유형의 행사에 대한 아이디어가 떠올랐다. 공동의장에게 내 계획을 설명했다. 회원들의 목소리를 담은 이벤트를 하면 어떨까? 우리 단체에는 8000명이 넘는 회원이 있었고 모두 뛰어난 재능과 각자만의 방식으로 세상에 영향을 주고 있었다. 3월

8일에 한 명의 패널이 주도하는 행사 대신 한 달 동안 매일 회원 한 명의 목소리를 소개할 수 있었다. '31명의 목소리'는 매일 회원들의 다양성을 기념하고 회원들이 서로 소통할 수 있는 출입문 역할을 하게 되었다.

아이디어를 실현하기 위해 재능 있는 실무그룹을 구성했다. 이 협업의 결과는 정말 독특한 행사였다. 31명의 목소리 중 한 명으로 참여하고 싶은 회원은 자기소개, 인생에 미친 가장 큰 영향, 다른 사람들과 나누고 싶은 지혜를 설명한 지원서를 작성했다.

제출된 지원서 중에서 소셜미디어, 뉴스레터, 웹사이트에 매일 소개될 역동적인 여성 31명을 선정했다. 가장 중요한 것은 소개된 여성과 참여자 모두 서로 연결하도록 권장되고 간단한 클릭만으로 그 연결을 시작할 수 있었다.

이 아이디어는 이웃들이 모여서 각 아파트나 집마다 서로 다른 음식을 대접하던 1990년대의 진보적인 디너파티와 비슷했다. 단계별로 구성된 프로그램 특성상 지리적 한계를 극복할 수 있었고 한 명의 유명 연사 또는 선호하는 시간대에 의존하지 않았다. '31명의 목소리'는 회원들에게 빠르게 받아들여졌다.

인큐베이터는 연사들을 위한 지원 요건부터 회원들이 서로 연결될 수 있는 기회에 이르기까지 내가 이 프로그램에 기여할 수 있는 거의 모든 측면에 대해 알려주었다. 이 프로그램은 31명의 목소리보다 훨씬 더 많은 수인 모든 사람의 목소리를 높여주었다. 이 프로그램은 회원들이 서로의 진실을 경험하고 그 가시성을 활용하여 진정한 관계를 시작할 수 있는 플랫폼을 만들었다.

회원들은 행사를 마친 후 단체에 감사를 표하고 배운 내용에 대한 다양한 설렘을 공유했다. 배우자가 31일 동안 암 치료를 받고 있는 여성에게서 아주 특별한 편지가 도착했다. "당신은 내 인생의 천사입니다."

인큐베이터는 내가 매우 특별한 단계, 즉 자신의 목소리에 맞추어 활동할 때 접근 가능한 에너지와 빛의 공간에서 활동할 수 있는 기회를 주었다. 인큐베이터 방법을 사용하는 데 시간을 할애하는 사람이라면 비슷한 방식으로 혜택을 볼 수 있다.

가장 중요한 사실은 인큐베이터 단계를 완성하고 나자 '31명의 목소리'와 같은 활동에 얼마나 쉽게 기여할 수 있는지를 알고 놀랐다는 점이다. 이 상대적 편안함은 단순한 진리를 강조한다. 자신의 목소리에 맞추어 살아갈 때 노력하지 않아도 빛을 발한다는 진리를.

체크 스텝 : 관계 재구성

이 장을 읽고 나서 "우리는 다른 사람과의 관계를 통해 자신을 만난다"라는 말의 의미를 새롭게 이해할 수 있기를 바란다. 우리가 다른 사람과의 소통에서 자신에 대한 진실을 더 많이 드러내려고 한다면 자신감을 얻고 자기정체성과 더 깊은 관계를 맺을 수 있다.

이 장에서 다루는 관계와 우리의 여정에서 관계의 역할 수용은 우리가 발전 단계에서 어느 지점에 있든지 간에 자기정체성과 관계를 갖도록 유도한다. 성장 과정에서 다른 사람과 맺은 관계를 통해 우리는 새로 구상한 자신을 신뢰하는 방법을 배운다.

1단계 : 8장 체크 스텝의 마지막 질문 또는 가장 최근에 완성한 체크 스텝을 다시 작성해보자.

2단계 : 이 장에서 다룬 관계에 대한 논의를 통해 당신의 여정에 대해 배운 점을 한두 문장으로 적어보자.
예시 질문이 도움이 된다면 다음 질문에 답해보자.

- 당신의 중간 단계 이야기는 어떤 내용인가?
- 당신의 중간 단계 이야기를 통해 듣는 사람이 당신에 관해 무엇을 알 수 있는가?
- 다른 사람들과 당신의 목소리를 어느 정도 나눌 생각이 있는가?
- 누가 당신과 연결될 수 있을까?
- 그 사람을 어디서 찾을 수 있을까?
- 어디에서, 누구와 있을 때 당신의 진실이 가장 명확한가? 또는 진실이 가장 부족한가?

3단계 : 1, 2단계에 대한 답변을 통해 변화의 여정의 길잡이가 되어줄 질문을 다시 적어보자.

10 풍요로운 여정

"언제 끝나나요?" 연구 작업을 할 때마다 늘 받는 질문이다. 나도 이해한다. 성장은 활기차고, 생동감 넘치고, 희망적이고, 낙관적이다. 동시에 힘들고, 혼란스럽고, 외롭고, 감정적으로 벅찬 일이기도 하다. 누구인들 가능한 한 빨리 끝내고 싶지 않겠는가?

나는 보통 이 질문에 대답하기를 망설이게 된다. 그 대답이 어떻게 받아들여질지 두려워서다. 일단 혁신적 성장 주기가 시작되면 발전은 영원히 끝나지 않는다.

'영원히 끝나지 않는다니 무슨 뜻인가?' 인정할 것은 인정하자. 이 대답은 굉장히 부담스럽게 느껴질 수 있다.

이 모든 상황에서도 좋은 소식이 있다. 성장 주기를 시작하면 우리와 우리의 진실 사이를 잇는 연결이 지속된다.

우리의 시선은 성장에 따라 쉴새없이 변한다. 성장 주기가 덜 활발하게 진행될 때도 있지만 그 영향력은 변하지 않는다. 우리보다 앞서 이 길을 걸어온 이들은 성장이 그들의 삶에 기쁨, 평화, 흥분, 지속적인 힘을 준다고 믿는다.

이 장에서는 이러한 성장 여정을 시작하려는 사람들에게 제공되는 많은 선물을 알아보려고 한다. 우리가 함께한 작업에서 배운 요점을 검토하고, 있는 그대로의 자기 모습에 마음을 여는 모든 사람에게 주는 선물에 대한 특별한 이야기로 마무리할 것이다.

소중한 선물

혼란은 우리 삶에서 끊임없이 발생한다. 이러한 혼란은 자기감에 영향을 미치고 또는 기능에 영향을 주어 우리 삶의 궤적에 긍정적 영향을 미칠 수 있는 기회를 제공한다. 강력한 주장이라는 것은 알고 있다. 하지만 이러한 방식으로 여정을 헤쳐나간 사람들에게 많은 선물이 주어진다는 사실을 몇 번이고 목격했기 때문에 이러한 주장을 조심스럽게 펼쳐본다. 그들이 받은 선물은 새 직장이나 새 아파트처럼 유형의 모습으로 나타나기도 하지만 더 중요한 것은 더 큰 자기이해, 자신감 향상, 긍정성 증가, 새로워진 성공에 대한 정의, 불확실성에 대해 느끼는 보다 편안함 등 무형의 선물이다.

5장에서 만났던 락슈미는 의학 분야에서 떠났을 때 변화의 여정을 용기 있게 걸으며 깨달은 선물에 대해 나와 함께 이야기를 나누었다. 우리는 시카고 니어노스사이드에 있는 그녀의 집 근처 작은 커피숍에서 만났다.

"내면의 소리는 가장 심오하고 지속적인 주요 성공 요인이라고 생각해요." 그녀는 계속해서 철학적인 이야기를 이어갔다. "일단 내면의 소리를 인식하게 되면, 끊임없이 성장하는 상태에 놓이게 돼요."

"그렇다고 우리가 항상 무언가로부터 적극적으로 벗어나려고 한다는 뜻은 아니에요. 그럴 수 없는 경우가 많으니까요. 경제적이든 심리적이든 영적이든 그 무엇으로부터 벗어날 여력이 없어요. 제 생각에는 변화가 우리 본성의 일부를 일깨우는 것 같아요. 사실상 뇌의 화학 작용이 일어나서 우리를 지속적으로 하나의 상태에서 더 많은 상태로 연결해준다고 생각해요. 저에게 변화가 시작되면서 완전히 새로운 의식 수준이 생겨났어요." 락슈미는 웃으며 말했다. "고통에서 가능성으로 저를 이끌어준 많은 단계가 없었다면 여기까지 오지 못했을 거예요."

성장에 대한 락슈미의 믿음은 내가 운 좋게도 연구를 통해 나누었던 많은 대화에서 관찰했던 사실을 다시 한번 확인시켜주었다. 일단 혁신적 성장 주기가 시작되면 우리는 충만함에 더욱 가까워지는 점점 넓어지는 길로 스스로를 열게 된다. 우리의 목소리에 더 가까워지면서 우리 삶의 모든 구석구석에서 걷잡을 수 없는 에너지를 발산하게 된다. 우리의 목소리가 활성화되면 우리는 결코 우리 자신의 본모습에서 멀어지지 않는다. 우리는 목소리의 볼륨을 높이는 방법을 배울 수 있지만 결코 음소거는 되지 않는다.

"여전히 우리는 우리 문화와 주변 사람들, 그리고 그들의 요구에도 적응해야 합니다." 락슈미는 잠시 생각에 잠겼다가 다시 이어서 말했다. "이제 저는 새로운 가정에 대해 잘 알고 있습니다. 그 가정을 모든 상황에 적용하고 있어요. 어찌 보면 저의 성장은 의식과 같아요. 진실을 받아들이고 그 진실이 존재하도록 허용하면 모든 것이 바뀝니다."

락슈미의 말을 들으니 단순한 진실이 생각났다. 혁신적 성장을 통해 우리는 우리 자신과 우리 목소리 사이에 끊을 수 없는 유대관계를 형성한다. 이 유대관계를 통해 우리는 우리 자신과 세상을 다르게 받아들이게 된다.

락슈미는 대화를 마치면서 미소를 지으며 나에게 작은 선물을 건넸다. 마치 큰 종이를 가로세로 약 8센티미터 포스트잇 크기 정도로 엄청나게 작은 정사각형 모양으로 접은 것처럼 보였다. 감동적이었다. 몇 년 전 처음으로 그녀와 인터뷰했던 때가 생각났다. 당시 나는 여정을 시작하는 사람들에게 어떤 선물을 주고 싶은지 물었다.

나는 락슈미가 준 선물을 조심스럽게 펼쳐보았다. 세계지도가 나타났다. 내가 이 화려하게 색칠된 지도의 아름다움을 감상하고 있을 때 그녀가 나에게 속삭이듯 말했다. "고맙습니다."

락슈미에게는 이미 자신만의 지도가 있었고 이제 다른 사람들을 위해 이 지도를 나에게 선물로 준 것이다.

당신의 가능성

혼란은 우리 주위에서 두루 발생한다. 어떤 혼란은 우리가 기능하는 능력에 영향을 미치고 또는 자기감에 대한 생각에 영향을 준다. 이러한 혼란은 예상 밖의 초대, 즉 우리 자신과 세상을 새로운 방식으로 연결하도록 유도하는 초대를 나타낸다. 또한 우리 삶에서 예상하지 못한 가능성을 열어주는 관문 역할을 한다.

나는 무슨 일이 일어나고 있는지 이해하지 못한 채 이러한 혼란을 경험했던 기억을 절대 잊지 못할 것이다. 그것은 이전에 전혀 경험해보지 못한 방식으로 무섭고 혼란스러웠다. 더욱 놀라운 것은 당시 내 상태를 이해하기 위해 도움을 청했던 많은 동료, 조언자, 친구, 이웃 중 누구에게도 '성장'이라는 단어를 들어본 적이 없었다. 단 한 명도.

돌이켜 생각해보니 놀랍지 않다. 사회적 규범은 이러한 상황에서 빠르게 살펴보고 억누르거나 다른 방향으로 전속력으로 달려가는 것에 대해 보상한다. 사실상 이러한 혼란을 존중하는 사람은 종종 조롱당하거나 기피 대상이 되거나 돌이킬 수 없는 결함을 갖고 있다고 믿게 된다. 내 연구 결과는 이러한 사회적 규범을 부정하고 이러한 게이트웨이 혼란이 우리 각자 안에 있는 개발되지 않은 능력을 사용할 수 있는 전례 없는 기회를 제공한다는 사실을 강조한다.

그렇다면 우리는 이러한 혼란에 어떻게 대응해야 할까? **변화**를 추구한다면 우리는 자기정체성에 대한 가정을 그대로 유지하는데, 이는 자기개념의 안정성을 선호하는 선택이라고 할 수 있다. 반면 **전환**을 추구한다면 우리는 자기감의 기반이 되는 가정을 재검토하는데, 이는 잠시 자기개념의 불안정을 받아들이는 선택이라고 할 수 있다. 전환을 선택하면 혁신적 성장이 가능하다. 힘든 일이지만 이러한 유형의 성장은 활기를 불어넣고 우리의 온전한 정체성을 구성하는 독특하고 눈부시게 빛나는 특성을 이끌어낸다.

혁신적 성장에는 정체성에 대한 기대치와 정의를 설정하는 데 필요한 정보를 업데이트하는 과정이 포함된다. 이러한 과정을 시작할 때 우리의 자기감은 외부 영향을 바탕으로 형성되고 가족, 재학중인 학교, 선택한 직업, 사랑하는 사람들의 신념을 포함하되, 이에 국한되지는 않는다. 우리는 자기개념을 재설정하면서 이러한 외부 영향을 스스로 정의한 신념, 즉 우리에게 가치와 의미를 더 정확하게 반영하는 신념으로 대체한다. 우리는 우리 자신만의 독특한 내면의 목소리에 대해 더 많이 알게 되고 그 과정에서 비판하지 않고 받아들인 다른 사람들의 기대에서 벗어난다. 우리가 이 지점 너머로 계속해서 성장하면 우리의 자기감이 의지할 수 있는 추가적인 정보를 더할 수 있다. 이 정보는 우리를 초월적인 길로 인도하며 모든 인류가 상호연결되어 있음을 받아들인다는 것을 반영한다.

우리의 감정은 혼란의 경험과 성장 여정에서 중요한 역할을 한다. 감정은 우리가 정체성에 대한 익숙한 표현에서 벗어날 때 우리를 안전하게 지키기 위해 동원된다. 우리가 관계, 고향 등 익숙한 정체성 표식에서 멀어질 때 우리의 감정은 익숙한 것과의 단절을 **안전하지 않다**고 받아들인다. 나는 이러한 반응을 우리가 새롭고 알지 못하는 무언가를 위해 익숙한 자기표현에서 벗어나기 전에 우리의 감정이 "정말이야?"라고 질문을 던지는 친절한 친구처럼 행동하는 것이라고 상상한다. 좋은 소식은 이러한 감정에 휘둘릴 필요가 없다는 것이다. 우리는 이 감정을 재구성하는 방법을 배워 그 감정의 존재에 비추어 성공할 수 있다.

인큐베이터는 혁신을 자기감으로 전환할 수 있게 해주는 혁신적 성장 방법이다. 이를 통해 우리는 감정을 재구성하고, 자신에 대한 기대를 재설정하고, 새로운 자기개념을 수립하고, 새로운 정체성 표현을 통해 타인뿐 아니라 자신과 연결한다. 이 방법은 성장 여정 전반에 걸쳐 유용한 핵심 개념, 즉 인식 기법에 대한 의존, 정보를 토대로 한 실험 수용, 우리가 스스로에게 던지는 질문의 가치에 대한 흔들리지 않는 믿음을 기반으로 한다.

혁신적 성장을 통해 정체성을 주도하는 방법을 배운다.

진실과 마주하기

우리의 진실은 변화의 여정을 통해 크고 작은 방식으로 확인된다. 이러한 기회는 어떤 방식으로 나타나든 우리가 능력을 더욱 충분히 발휘하고 이 길을 용감하게 걸어가는 사람들에게 생기는 에너지와 의지를 사용할 수 있게 도와준다. 나는 소중한 친구와 함께 기억에 남는 방문을 통해 이 가치를 떠올렸다.

밸런타인데이에 쉰세 살의 친구 클레어를 만나러 뉴욕에 갔다. 그녀는 폐 이식 대기자 명단에 올라 있는 동안 이모 집에 격리되어 있었다.

'기다림.'

정말 끔찍한 단어다.

클레어는 독신이었고 나와는 30년 넘게 알고 지낸 사이였다. 나는 늘 그녀와 그녀의 가족들 사이의 관계에 놀라워했다. 그녀는 세 명의 형제와 그들의 가족들, 셀 수 없이 많은 사촌, 조카들의 정서적 접착제 같은 역할을 했다.

이전에 유방암을 이겨낸 후 부작용으로 생긴 질병은 그녀와 그녀 가족의 삶을 완전히 뒤바꾸어놓았다. 기다림은 모두의 행복을 짓밟았다. 그녀가 봄에 조카와 함께 졸업 무도회 사진을 찍을 수 있을까? 가족의 여름 소풍에서 그녀가 늘 좋아하던 스포츠 킥볼을 할 수 있을까?

도착하자마자 그녀의 모습에 충격을 받았다. 평소 완벽했던 그녀의 모습, 대학원을 다닐 때 미니 원피스를 입고 술이 달린 레이스 홀터 톱을 입은 대담한 모습은 사라지고 없었다. 그녀의 밝은 미소 또한 사라졌다. 대신 그 자리에 다크 서클이 짙게 드리우고 불안해 보이는 잿빛 얼굴을 한 여자가 앉아 있었다. 그녀는 나에게 가까이 와서 앉으라고 했다. 나는 접이식 의자를 끌어다 앉고 그녀의 손을 잡았다.

그녀는 졸려 했다. 피곤함은 심각한 호흡 문제의 일반적인 증상이었다. 그녀가 졸고 있는 동안 나는 그녀가 오래전 유방암을 이기고 안전해 보이는 상태가 되었던 때를 떠올렸다. 당시 그녀는 나에게 이렇게 말했다. "오랫동안 한 가지에만 집중했어요." 그녀가 말했던 집중의 대상은 치료였다. "무섭고 불확실했지만, 이상하게도 다른 것으로부터 나를 해방시켰어요."

치료가 끝나고 나서 그녀를 제외한 모든 사람이 그녀의 승리를 기뻐했다. '방향을 잃었다.' 그녀는 나에게 당시 상황을 그렇게 설명했다. 클레어는 암을 이겨냈다는 열정과 당시에는 잔인하게 느껴졌던 지긋지긋한 딜레마에 대한 혼란이 뒤섞인 채 방관자처럼 앉아 있는 듯한 느낌을 받았다. "나는 누구인가?" 그녀는 이 질문을 아주 오래전부터 반복해왔다.

그녀가 잠든 것처럼 보였을 때 나는 점심식사를 위해 잠바 주스로 달려갔다. 내가 돌아왔을 때 그녀는 깨어 있었다.

"그걸 어떻게 했어요?" 내가 어떻게 그렇게 빨리 스무디를 사서 왔냐고 묻는 것 같지는 않았다. "뭐를요?" 그녀가 무슨 말을 하려고 하는지 알 것 같았지만 모르는 척 물었다.

"나는 이렇게 껍데기로만 살 수 없어요." 그녀가 단호하게 말했다. "동생들이 전화를 하긴 하지만, 내 치료에 관해서만 물어요. 약은 챙겨 먹었냐. 리치 박사랑 얘기해봤냐. 뭐라고 하더냐. 그 이상의 이야기를 할 시간이 없어요." 나는 그녀의 동생들도 알고 있었다. 그들은 클레어가 진단을 받은 후로는 어떻게 대처해야 할지 몰라 제대로 할 수 있는 것이 없었다.

클레어는 갑자기 그녀가 자신에게 가졌던 기대와 주변 사람들이 그녀에게 가졌던 기대가 제대로 작동되지 않는다는 느낌을 받았다. 그녀는 새로운 인식을 통해 자신의 진실에 대한 근접성과 타인과의 관계에 대해 다른 질문을 할 수 있었다.

클레어의 질문은 나에게 매우 특별했다. 이 질문을 통해 클레어는 바로 내 옆에서 함께 걸어왔지만 미처 알지 못했던 사실, 즉 오랫동안 내가 그녀와 다른 세상에서 일하고 있었다는 사실을 깨달았다. 어떻게 그녀와 내가 바로 눈앞에서 벌어지고 있는 일을 놓칠 수 있었겠는가? 그녀는 질문에 과거 시제를 사용하여 내 여정을 존중해주었다. 그녀는 이제 나를 이전과 다른, 더 풍성하고 넓은 시각으로 혼란에 대처한 결과로 **바라본다.**

나는 더 가까이 다가앉아 귀를 기울였다. 그녀는 동생들의 행동이 얼마나 못마땅한지에 대해 거친 말을 쏟아냈다. "그런 **나**는요?" 그녀의 목소리가 떨렸다. 클레어는 자기 자신과 타인과의 관계를 새로운 렌즈를 통해 보고 있었다.

"이번에는 왜 이렇게 다른 거죠?" 클레어는 잡고 있던 내 손을 꽉 움켜잡고 내 눈을 똑바로 바라보며 물었다. "**왜 지금이죠? 왜 이 병인 거예요?**"

그녀가 대답을 바라지 않는다는 것은 나도 알고 있었다. "부모님을 돌아가시게 했던 암도 이겨냈어요." 그녀는 지난 몇 년 동안 우리가 함께 나누었던 혼란의 순간들을 짚었다. "이런저런 말을 했지만, **내가 누구인지**를 진심으로 질문해본 적이 있는지 모르겠어요. 늘 내 정체성과 유사한 무언가에 매달렸던 것 같아요."

"이번에는……." 그녀가 말끝을 흐리더니 다시 조용해졌다. 몇 분이 지나고 그녀는 다시 잠들었다.

그랬다. 이번에는 달랐다. 그녀의 진단명이나 우리 모두가 기다리고 있었던 회복이 달랐다는 것이 아니다. 이번에는 새로운 것을 알게 되었고, 스스로에게 이전과 다른 질문을 하고 있었으며, 무엇보다도 마음속에서 느낄 수 있는 가능성을 사용할 수 있는 방법을 갖고 있었다.

클레어는 남은 오후의 대부분 시간 동안 잠을 잤다. 우리는 내가 떠나기 전까지 그다지 많은 말을 나누지 못했다.

며칠 후 나는 그녀에게서 손편지를 받았다.

"당신의 작업, 그리고 당신의 여정 덕분에 좀더 용감하게 살 수 있었고, 희망과 긍정적인 마음으로 미래를 볼 수 있었어요. 제 자존감도 높아졌죠. 제 병이라는 현실에도 불구하고 지금 저는 훨씬 좋아요. 저로서도 이해하기 어려운 일이지만, 실제로 그래요."

당신을 위한 나의 선물

자기정체성과의 자유로운 관계와 삶의 모든 상황에서 당신의 진실을 신뢰하는 의지가 당신에게 있기를 바란다. 표현 방식이나 완성도와 상관없이 세상은 당신의 목소리를 간절히 필요로 한다.

잊지 말고 자기개념의 변화를 받아들이자. 그 변화가 삶의 긍정적인 개선을 위한 전조일 수 있기 때문이다. 그러한 순간에는 정보를 기반으로 혼란과 혁신적 성장에 대한 확실한 이해를 존중하는 선택을 하자.

당신이 변화 대신 전환을 받아들이면 그 선택은 당신을 성장하게 하고 당신과 타인 사이의 관계를 더욱 돈독하게 할 것이다. 이 여정에서 배운 내용을 열린 마음으로 받아들이자. 그렇게 하려는 당신의 의지가 당신의 경험, 당신을 만난 사람들의 경험, 그리고 넓게는 전 세계의 안녕을 극적으로 변화하게 할 것이다.

당신이 우리가 함께한 일을 신뢰하고 자기정체성에 따라 살기로 선택한다면 흐린 날에도 빛의 길로 걷게 된다는 사실을 기억하자.

당신의 여정 중 어느 지점에 있든지, 시작이든 진행중이든 클레어가 나에게 쓴 편지에 남긴 마지막 말을 기억하기를 바란다.

"명심하세요. **당신**은 사랑받고 있습니다."

감사의 말

이 책은 제 연구에 참여한 훌륭한 분들 덕분에 출간될 수 있었습니다. 모든 분의 이름을 일일이 언급하고 싶지만 연구에 참여하는 대신 익명성을 보장하기로 약속했습니다. 참여해주신 모든 분께 저를 믿고 기꺼이 자신의 삶을 많이 공유해주신 데 진심으로 감사의 말을 전합니다. 여러분의 용기 있는 참여가 이 책의 각 페이지마다 담겨 있습니다. 감사합니다.

이 책을 만드는 동안 피드백을 주신 로빈 볼턴, 리나 갤로토, 시마 카루나카란, 스티브 로, 스티븐 멀론, 베라 응고마, 조너선 슐레진저, 수전 프라이스를 포함한 독자 여러분에게도 감사합니다.

원고 발전 단계에서 함께한 소피 워즈워스, 제프 캠벨, 베나이 버바,

맥스웰 슈웨어, 얼리셔 시먼스를 포함한 멋진 팀원들에게도 고마움을 전합니다. 또한 나와 내가 이 이야기를 할 수 있는 능력을 믿어준 수잰 스타스작실바와 존 윌리그에게도 고마움을 표합니다.

이 프로젝트를 진행하는 동안 저를 응원해주고 늘 제 전화를 받아준 다이앤 컬런, 리사 데몬, 낸시 멀론, 말라 맥도널드, 에이미 오세니고, 제프 페린, 에이미 럿스타인 라일리, 캐런 윌리엄스를 포함한 많은 분께 감사합니다. 매사추세츠주 윈체스터 공립도서관의 모든 직원분에게도 감사의 마음을 전합니다.

무엇보다 멋진 웃음과 저를 향한 끊임없는 믿음을 보여준 제 아이들 재키와 윌리엄에게 고맙다는 말을 전하고 싶습니다.

북클럽 토론 가이드

1. 저자는 『불안에 대처하는 자세』를 통해 우리가 무엇을 배우기를 바라는가?
2. 이 책에서 가장 마음에 드는 이야기는 무엇인가? 왜 그 이야기에 공감하게 되었는가?
3. 저자의 이야기 중 가장 좋아하는 이야기는 무엇인가? 그 이유는 무엇인가?
4. 이 책을 친구에게 어떻게 설명할 것인가?
5. 혼란을 경험한 적이 있는가? 어떤 경험 때문에 혼란을 겪었는가? 게이트웨이 혼란은 사건, 감정, 상황에 대한 우리의 경험이 우리의 기능에 영향을 미치고, 또는 정체성에 대한 생각에 영향을 미칠

때 발생한다는 점을 기억하자.

6. 저자는 게이트웨이 혼란에 따른 변화와 전환의 선택을 구분한다. 혼란의 시기에 변화 또는 전환을 선택한 적이 있는가? 변화는 우리의 정체성에 대한 믿음을 남기고, 전환은 우리의 자기감을 설계한 가정을 재검토하도록 유도한다는 점을 기억하자.
7. 성장해본 적이 있는가? 성장 여정은 어떤 경험이었는가? 혁신적 성장은 자신의 목소리를 내는 과정임을 기억하자.
8. 저자는 개인의 변화를 돕는 방법인 인큐베이터를 소개한다. 인큐베이터 중 가장 마음에 드는 부분은 무엇인가? 그 이유는? 인큐베이터에는 감정 재구성하기, 기대 재설정하기, 정체성 재해석하기, 관계 재구성하기가 포함되어 있음을 기억하자.
9. 이제 막 인생이 바뀌는 혼란을 경험한 사람에게 이 책을 요약해주라는 부탁을 받았다고 상상해보자. 무슨 말을 할 것인가?
10. 다음에 혼란을 경험하게 될 때 이 책의 내용 중 기억하고 싶은 것은 무엇인가?

참고문헌

Allen, Catherine, Nancy Bearg, Rita Foley, and Jaye Smith. 2011. *Reboot Your Life*. New York: Beaufort Books.

Ammerman, Colleen, and Boris Groysberg. 2021. *Glass Half Broken: Shattering the Barriers That Still Hold Women Back at Work*. Boston, MA: Harvard Business Review Press.

Bardwick, Judith. 1979. *In Transition: How Feminism, Sexual Liberation, and the Search for Self-Fulfillment Have Altered Our Lives*. New York: Holt, Rinehart and Winston.

Baxter Magolda, Marcia. 2009. *Authoring Your Life: Developing Your Internal Voice to Navigate Life's Challenges*. Sterling, VA: Stylus Publishing.

Baxter Magolda, Marcia B. 2001. *Making Their Own Way: Narratives for Transforming Higher Education to Promote Self-Authorship*. Sterling, VA: Stylus Publishing.

Belenky, Mary Field, Blythe McVicker Clinchy, Nancy Rule Goldberger, and Jill Mattuck Tarule. 1997. *Women's Way of Knowing: The Development of Self, Voice, and Mind*. New York: Basic Books.

Ben-Shahar, Tal. 2007. *Happier: Learn the Secrets to Daily Joy and Lasting Fulfillment*. New York: McGraw Hill.

Blake, Jenny. 2016. *Pivot: The Only Move That Matters Is Your Next Move*. New York: Portfolio/Penguin.

Brach, Tara. 2019. *Radical Compassion: Learning to Love Yourself and Your World with the Practice of RAIN*. New York: Viking.

Brach, Tara. 2012. *True Refuge: Finding Peace and Freedom in Your Own Awakened Heart*. New York: Random House.

Brewer, Judson. 2021. *Unwinding Anxiety: New Science Shows How to Break the Cycles of Worry and Fear to Heal Your Mind*. New York: Penguin Random House.

Bridges, William. 2004. *Transitions: Making Sense of Life's Changes, 25th Anniversary Edition*. Boston, MA: Da Capo Lifelong.

Bridges, William, and Susan Bridges. 2016. *Managing Transitions: Making the Most of Change*. Boston, MA: Da Capo Lifelong.

Brody, Jane E. "Making Meaning Out of Grief: Getting On with Life after a Loved One's Death Is a Complex Multi-Step Process." *New York Times*, November 5, 2019.

Brooks, Arthur. "Sit with Negative Emotions, Don't Push Them Away." *The Atlantic*, June 18, 2020.

Brown, Brene. 2007. *I Thought It Was Just Me (But It Isn't): Making the Journey from "What Will People Think?" to "I Am Enough."* New York: Avery.

Brown, Lyn Mikel, and Carol Gilligan. 1993. *Meeting at the Crossroads: Women's Psychology and Girls' Development*. New York: Ballantine Books.

Buckingham, Marcus, and Donald Clifton. 2001. *Now, Discover Your Strengths*. New York: The Free Press.

Burnett, Bill, and Dave Evans. 2018. *The Designing Your Life Workbook: A Framework for Building a Life You Can Thrive In*. New York: Clarkson Potter Publishers.

Burnham, Sophy. 2011. *The Art of Intuition: Cultivating Your Inner Wisdom*. New York: Jeremy P. Tarcher/Penguin.

Burns, David D. 1999. *The Feeling Good Handbook*. New York: Plume Penguin Random House.

Burton, Mary Lindley, and Richard Wedemeyer. 1991. *In Transition: From the Harvard Business School Club of New York's Career Management Seminar.* New York: Harper Business.

Cacciatore, Joanne. 2017. *Bearing the Unbearable: Love, Loss, and the Heartbreaking Path of Grief.* Somerville, MA: Wisdom Publications.

Cameron, Julia. 2016. *The Artist's Way: A Spiritual Path to Higher Creativity, 25th Anniversary Edition.* New York: TarcherPerigee Books.

Cameron, Julia. 1992. *The Artist's Way Workbook.* New York: Jeremy P. Tarcher/Penguin. Chocano, Carina. "Conventional Wisdom: Why Do We Universalize the 'Experience' of Half the World—and Obscure, Deny and Control That of the Other?" *New York Times Magazine*, October 28, 2018.

Chodron, Pema. 2016. *When Things Fall Apart: Heart Advice for Difficult Times.* Berkeley, CA: Shambala.

Choquette, Sonia. 1997. *Your Heart's Desire: Instructions for Creating the Life You Really Want.* New York: Potter Style.

Clark, Dorie. 2013. *Reinventing You: Define Your Brand, Imagine Your Future.* Boston, MA: Harvard Business Review Press.

Coburn, Karen Levin, and Madge Lawrence Treeger. 2009. *Letting Go: A Parents' Guide to Understanding the College Years.* New York: Harper Perennial.

Cohen, Deborah, and Robert Gelfand. 2000. *Just Get Me Through This! A Practical Guide to Coping with Breast Cancer.* New York: Kensington Books.

Cope, Stephen. 2012. *The Great Work of Your Life: A Guide for the Journey to Your True Calling.* Bantam Books Trade Paperback.

Corbett, Rachel. 2016. *You Must Change Your Life: The Story of Rainer Maria Rilke and Auguste Rodin.* New York: W. W. Norton & Co.

Damasio, Antonio. 1999. *The Feeling of What Happens: Body and Emotion in the Making of Consciousness.* New York: Harcourt Brace & Co.

Damour, Lisa. 2017. *Untangled: Guiding Teenage Girls through the Seven Transitions into Adulthood.* New York: Ballantine Books.

Denworth, Lydia. 2020. *Friendship: The Evolution, Biology, and Extraordinary Power of Life's Fundamental Bond.* New York: W. W. Norton & Company.

Dooley, Mike. 2009. *Infinite Possibilities: The Art of Living Your Dreams.* New York: Atria Books.

Dowling, John. 2018. *Understanding the Brain: From Cells to Behavior to Cognition.* New York: W. W. Norton & Company.

Duhigg, Charles. 2019. "The Future of Work: Wealthy, Successful, and Miserable." *New York Times*, February 24, 2019.

Eliot, T. S. 1943. *Four Quartets.*

Farrell, Chris. 2019. *Purpose and a Paycheck: Finding Meaning, Money, and Happiness in the Second Half of Life.* New York: HarperCollins Leadership.

Feiler, Bruce. 2020. *Life Is in the Transitions: Mastering Change at Any Age.* New York: Penguin Press.

Fels, Anna. 2005. *Necessary Dreams: Ambition in Women's Changing Lives.* New York: Anchor Books.

Fisher, Carl Erik. "Calling Addiction a Disease Is Misleading." *New York Times*, January 16, 2022.

Freire, Paulo. 2018. *Pedagogy of the Oppressed.* London: Bloomsbury Academic.

Garcia, Sandra. "After a Tumultuous Year and a Change of Jobs, Ready to Disrupt Again." *New York Times*, October 2, 2018.

Gardner, John W. 1963. *Self-Renewal: The Individual and the Innovative Society.* New York: W. W. Norton & Co.

Gilligan, Carol. 1982. *In a Different Voice: Psychological Theory and Women's Development.* Boston, MA: Harvard University Press.

Gladwell, Malcolm. "The Sure Thing: How Entrepreneurs Really Succeed." *The New Yorker,* January 18, 2010.

Goleman, Daniel. 2004. *Destructive Emotions: A Scientific Dialogue with the Dalai Lama.* New York: Bantam.

Gould, Roger. 1978. *Transformations: Growth and Change in Adult Life.* New York: Simon & Schuster.

Gratton, Lynda, and Andrew Scott. 2020. *The 100-Year Life: Living and Working in an Age of Longevity.* London: Bloomsbury Publishing.

Heller, Caroline. 2015. *Reading Claudius: A Memoir in Two Parts.* New York: The Dial Press/Random House.

Helson, Ravenna M., and Valory Mitchell. 2020. *Women on the River of Life: A Fifty-Year Study of Adult Development.* Berkeley: University of California Press.

Helson, Ravenna, and Geraldine Moane. 1987. "Personality Change in Women from College to Midlife." *Journal of Personality and Social Psychology* 53: 176-86.

Helson, Ravenna, and Sanjay Srivastava. "Three Paths to Adult Development: Conservers, Seekers, and Achievers." *Journal of Personality and Social Psychology* 80, no. 6 (2001): 995-1010.

Helson, Ravenna, and Paul Wink. "Two Conceptions of Maturity Examined in the Findings of a Longitudinal Study." *Journal of Personality and Social Psychology* 53 (1987): 531-41.

Herman, Judith. 2015. *Trauma and Recovery: The Aftermath of Violence from Domestic Abuse to Political Terror.* New York: Basic Books.

Hewlett, Sylvia Ann. 2007. *Off-Ramps and On-Ramps: Keeping Talented*

Women on the Road to Success. Boston, MA: Harvard Business School Press.

Hollis, James. 2005. *Finding Meaning in the Second Half of Life: How to Finally Really Grow Up*. New York: Gotham Books.

Holmes, Jamie. 2015. *Nonsense: The Power of Not Knowing*. New York: Crown Publishers.

hooks, bell. 2001. *All About Love: New Visions*. New York: William Morrow.

hooks, bell. 2009. *Belonging: A Culture of Place*. London: Routledge.

hooks, bell. 2004. *Skin Again*. Disney Jump at the Sun.

Horne, Karen. 1945. *Our Inner Conflicts: A Constructive Theory of Neurosis*. W. W. Norton & Company.

Jackson, Richie. 2020. *Gay Like Me: A Father Writes to His Son*. New York: Harper.

Jensen Arnett, Jeffrey. "Conceptions of the Transition to Adulthood: Perspectives from Adolescence Through Midlife." *Journal of Adult Development* 8, no. 2 (2001).

Josselson, Ruthellen. 2017. *Paths to Fulfillment: Women's Search for Meaning and Identity*. Oxford: Oxford University Press.

Josselson, Ruthellen. 1998. *Revising Herself: The Story of Women's Identity from College to Midlife*. Oxford: Oxford University Press.

Judith, Anodea. 2004. *Eastern Body, Western Mind: Psychology and the Chakra System as a Path to the Self*. New York: Celestial Arts/Random House.

Kaufman, Scott. 2020. *Transcend: The New Science of Self-Actualization*. New York: TarcherPerigee.

Keegan, Marina. "Even Artichokes Have Doubts." *Yale Daily News*, September 30, 2011.

Kegan, Robert. 1982. *The Evolving Self: Problem and Process in Human Development. Boston,* MA: Harvard University Press.

Kegan, Robert. 1994. *In Over Our Heads: The Mental Demands of Modern Life.* Boston, MA: Harvard University Press.

Kegan, Robert, and Lisa Laskow Lahey. 2016. *An Everyone Culture: Becoming a Deliberately Developmental Organization.* Boston, MA: Harvard Business Review Press.

Kegan, Robert, and Lisa Laskow Lahey. 2001. *How the Way We Talk Can Change the Way We Work: Seven Languages for Transformation.* New York: Jossey-Bass.

Kegan, Robert, and Lisa Laskow Lahey. 2009. *Immunity to Change: How to Overcome It and Unlock the Potential in Yourself and Your Organization.* Boston, MA: Harvard Business Review Press.

Kidd, Sue Monk. 2016. *The Dance of the Dissident Daughter: A Woman's Journey from Christian Tradition to the Sacred Feminine.* New York: HarperOne.

Lahey, Lisa, Emily Souvaine, Robert Kegan, Robert Goodman, and Sally Felix. 2011. *A Guide to the Subject-Object Interview: Its Administration and Interpretation.* Raymond, NH: Minds at Work.

Lawrence-Lightfoot, Sara. 2012. *Exit: The Endings That Set Us Free.* New York: Sarah Crichton Books.

Lerner, Harriet. 2014. *The Dance of Anger: A Woman's Guide to Changing the Patterns of Intimate Relationships.* New York: William Morrow.

Lerner, Harriet. 1989. *The Dance of Intimacy: A Woman's Guide to Courageous Acts of Change in Key Relationships.* New York: Harper & Row.

Levinson, Daniel, Charlotte Darrow, Edward Klein, Maria Levinson, and Braxton McKee. 1978. *The Seasons of a Man's Life.* New York: Ballantine

Books.

Lewchanin, Shari, and Louise Zubrod. "Choices in Life: A Clinical Tool for Facilitating Midlife Review." *Journal of Adult Development* 8, no. 3 (2001).

Lichtwarck-Aschoff, Anna, Paul van Geert, Harke Bosma, and Saskie Kunnen. "Time and Identity: A Framework for Research and Theory Formation." *Developmental Review* 28, no. 3 (2008): 370-400.

"The Lives They Lived." *New York Times Magazine*, December 26, 2021.

Lloyd, Rachel. 2011. *Girls Like Us: Fighting for a World Where Girls Are Not for Sale*. New York: Harper.

McBride, Sarah. 2018. *Tomorrow Will Be Different: Love, Loss, and the Fight for Trans Equality*. New York: Three Rivers Press.

McConnell, Sheri Keys. 2012. *Smart Women Embrace Transitions: How to Lean into Change with Your Body, Mind, and Soul*. New York: Smart Women's Institute, Inc.

"Merging Two Worlds: A Two-Tier Model for Transitioning Youth." *Empower Your Life*, Chapter 1, Lesson 2, Empower Your Future: A Career Readiness Curriculum. GCFGlobal .org. 2003.

Merron, Keith, Dalmar Fisher, and William Torbert. "Meaning Making and Management Action." *Group & Organizational Studies* 12, no. 3 (September 1987).

Miller, Alice, 2007. *The Drama of the Gifted Child: The Search for the True Self*. New York: Basic Books.

Minow, Martha, and Elizabeth Spelman. "In Context." *Southern California Law Review* 63 (1990): 1597-1601.

Mohr, Tara. 2014. *Playing Big: Practical Wisdom for Women Who Want to Speak Up, Create, and Lead*. New York: Avery Penguin Random House.

Mundy, Liza. "Why Is Silicon Valley So Awful to Women?" *The Atlantic*, April

2017.

Napper, Paul, and Anthony Rao. 2019. *The Power of Agency: The 7 Principles to Conquer Obstacles, Make Effective Decisions, and Create a Life on Your Own Terms.* New York: St. Martin's Press.

Norwood, Robin. 1985. *Women Who Love Too Much: When You Keep Wishing and Hoping He'll Change.* New York: Pocket Books/Simon & Schuster.

Ouellette, Jennifer. 2014. *Me, Myself, and Why: Searching for the Science of Self.* New York: Penguin Books.

Pals, Jennifer L. "Narrative Identity Processing of Difficult Life Experiences:

Pathways of Personality Development and Positive Self-Transformation In Adulthood." *Journal of Personality* 74 (2006): 1079-1109.

Parker-Pope, Tara. "First, Try to Identify and Name That Emotion." *New York Times*, May 25, 2021.

Peck, M. Scott. 1978. *The Road Less Traveled: A New Psychology of Love, Traditional Values, and Spiritual Growth.* New York: Touchstone.

Peck, M. Scott. 1997. *The Road Less Traveled and Beyond: Spiritual Growth in an Age of Anxiety.* New York: Simon & Schuster, Inc.

Pine, Deborah. "How to Create More Female Business Executives: Start When They're Children." WBUR, April 4, 2017. https://www .wbur .org/ cognoscenti/2017/04/04/how-to-create-more-women-business-leaders-deborah-pine.

Pizzolato, Jane Elizabeth. "Assessing Self-Authorship." *In Self-Authorship: Advancing Students' Intellectual Growth: New Directions for Teaching and Learning*, edited by Peggy S. Meszaros, no. 109 (Spring 2007): 31-42.

Richardson, Cheryl. 2017. *Waking Up in Winter.* New York: HarperOne.

Riso, Don Richard, and Russ Hudson. 2000. *Understanding the Enneagram: The Practical Guide to Personality Types.* New York: Houghton Mifflin.

Seligman, Martin. 1990. *Learned Optimism: A Leading Expert on Motivation Demonstrates That Optimism Is Essential for a Good and Successful Life and Shows You How to Acquire It.* New York: Alfred Knopf, Inc.

Sheehy, Gail. 2006. Passages: *Predictable Crises of Adult Life.* New York: Ballantine Books.

Simmons, Rachel. 2018. *Enough as She Is: How to Help Girls Move beyond Impossible Standards of Success to Live Healthy, Happy, and Fulfilling Lives.* New York: HarperCollins.

Sirois, Maria. 2006. *Every Day Counts: Lessons in Love, Faith, and Resilience from Children Facing Illness.* New York: Walker & Co.

Snyder, Rachel Louise. 2019. *No Visible Bruises: What We Don't Know About Domestic Violence Can Kill Us.* London: Bloomsbury Publishing.

Steele, Claude M. 2010. *Whistling Vivaldi: How Stereotypes Affect Us and What We Can Do.* New York: W. W. Norton & Co.

Stewart, Abigail J., Joan M. Ostrove, and Ravenna Helson. "Middle Aging in Women: Patterns of Personality Change from the 30s to the 50s." *Journal of Adult Development* 8 (2001): 23-27.

Talty, Stephan. 2011. *Escape from the Land of Snows: The Young Dalai Lama's Harrowing Flight to Freedom and the Making of a Spiritual Hero.* New York: Crown Random House.

Valliant, George. 2015. *Triumphs of Experience: The Men of the Harvard Grant Study.* Cambridge, MA: Belknap Press.

Van Der Kolk, Bessel. 2015. *The Body Keeps the Score: Brain, Mind, and Body in the Healing of Trauma.* New York: Penguin Books.

Viorst, Judith. 1998. *Necessary Losses: The Loves, Illusions, Dependencies, and Impossible Expectations That All of Us Have to Give Up in Order to Grow.* New York: Simon & Schuster.

White, Elizabeth. 2019. *55, Underemployed, and Faking Normal: Your Guide to a Better Life*. New York: Simon & Schuster.

도판 목록

일러스트 : 맥스웰 슈웨어

불 안 에
대처하는 자세
혼란의 늪에서 벗어나기

1쇄 인쇄 2024년 7월 2일
1쇄 발행 2024년 7월 12일

지은이 린다 로세티 | **옮긴이** 윤효원

편집 박민영 이고호 | **디자인** 이현정 | **마케팅** 김선진 김다정
브랜딩 함유지 함근아 고보미 박민재 김희숙 박다솔 조다현 정승민 배진성
저작권 박지영 형소진 최은진 서연주 오서영 | **제작** 강신은 김동욱 이순호
제작처 천광인쇄사

펴낸곳 (주)교유당 | **펴낸이** 신정민
출판등록 2019년 5월 24일 제406-2019-000052호
주소 10881 경기도 파주시 회동길 210
문의전화 031) 955-8891(마케팅) 031) 955-2680(편집)
팩스 031) 955-8855
전자우편 gyoyudang@munhak.com
인스타그램 @thinkgoods | **트위터** @thinkgoods | **페이스북** @thinkgoods

ISBN 979-11-93710-40-1 03180

*싱긋은 (주)교유당의 교양 브랜드입니다.
이 책의 판권은 지은이와 (주)교유당에 있습니다.
이 책 내용의 전부 또는 일부를 재사용하려면 반드시 양측의 서면 동의를 받아야 합니다.